SIMON
Feng

Buch

Simon Brown erläutert das Wesen und die Grundlagen des Feng Shui und geht ausführlich auf seine praktische Anwendung ein. So beschreibt er, wie Sie für einen Ortswechsel oder Umzug den optimalen Zeitpunkt und die geeignete Richtung ermitteln können. Eine Checkliste hilft Ihnen beim Kauf eines Hauses und bei der Analyse Ihrer Wohnräume. Dafür werden auch die charakteristischen Merkmale von Gebäuden und Einrichtungen behandelt – etwa Treppen und Beleuchtung – sowie die verschiedenen Möglichkeiten, wie Sie Pflanzen, Möbel und andere Gegenstände anordnen können, um die erwünschte positive Wirkung zu erzielen. Für typische Problemzonen werden die Lösungen des Feng Shui vorgestellt.

Autoren

Simon Brown ist mit vielen Facetten der fernöstlichen Medizin, Philosophie und Raumgestaltung vertraut und hat sich als professioneller Feng-Shui-Berater einen Namen gemacht. Zu seinen Auftraggebern zählen multinationale Großunternehmen genauso wie berühmte Privatpersonen.

SIMON BROWN
FENG SHUI

Was Sie wirklich darüber
wissen müssen

Aus dem Englischen von
Marie-Therese Hartogs

GOLDMANN

Die Originalausgabe erschien unter dem Titel
»Principles of Feng Shui«
bei Thorsons, London

Deutsche Erstausgabe

Umwelthinweis:
Alle bedruckten Materialien dieses Taschenbuches
sind chlorfrei und umweltschonend.
Das Papier enthält Recycling-Anteile.

Der Goldmann Verlag ist ein Unternehmen
der Verlagsgruppe Bertelsmann

Deutsche Erstausgabe Januar 1998
© 1998 der deutschsprachigen Ausgabe
Wilhelm Goldmann Verlag, München
© 1996 der Originalausgabe Simon Brown
Umschlaggestaltung: Design Team München
Umschlagabbildung: Cathie Felsted
Satz: All-Star-Type Hilse, München
Druck: Elsnerdruck Berlin
Verlagsnummer: 14109
Lektorat: Olivia Baerend
Redaktion: Doris Bampi-Hautmann
CL · Herstellung: Martin Strohkendl
Made in Germany
ISBN 3-442-14109-5

3 5 7 9 10 8 6 4 2

Inhalt

Danksagung 7
Einleitung 11

1 Die Chi-Energie 21
2 Yin und Yang 33
3 Die fünf Elemente der Chi-Energie 45
4 Das magische Quadrat 55
5 Die acht Richtungen 61
6 Wie man mit Hilfe des Kompasses
  die acht Richtungen nach Norden ausrichtet 81
7 Die Form eines Gebäudes 91
8 Die charakteristischen Merkmale eines Gebäudes 103
9 Ortswechsel – Wohin und Wann? 115
10 Feng-Shui-Lösungen 135
11 Typische Problembereiche
   und Feng-Shui-Lösungen dazu 161
12 Checkliste für den Kauf oder
   die Begutachtung Ihres eigenen Hauses 169
13 Richtlinien für die Praxis des Feng Shui 175
14 Eine Feng-Shui-Beratung 179
15 Wie finde ich einen Feng-Shui-Berater? 181

Weiterführende Information 185
Literatur 187

Danksagung

Ich möchte dort beginnen, wo alles seinen Anfang nahm, und meiner Mutter und meinem Vater dafür danken, daß sie mir soviel Liebe, Begeisterungsfähigkeit und Fürsorglichkeit mit auf den Weg gaben. Und weiterhin Dragana für all ihr Interesse und Engagement sowie dafür, daß sie mich wenn nötig auf den Boden der Tatsachen zurückholte und mich dennoch immer wieder aufbaute. Ich bedanke mich auch für die schier endlose Zeit, die sie damit verbrachte, die unglaublichsten makrobiotischen Speisen für mich zuzubereiten, sich um alles zu kümmern, für mich zu sorgen und ein wunderbares Zuhause für uns zu schaffen. Ohne das Ganze hätte ich dieses Buch nie schreiben können. Weiterhin danke ich meinen Kindern Christopher, Alexander, Nicholas und Michael für ihre große Zuneigung und den vielen Spaß, den wir miteinander hatten. Sie gaben mir die Chance, meine Kindheit nochmals mit ihnen zusammen zu durchleben. Meinem Schwager Denny Waxman, der mich in die damals noch so neue Welt der fernöstlichen Weisheit einführte, möchte ich für all seine Hilfe in den zurückliegenden Jahren, für die ausgezeichneten Vorträge und wertvolle Freundschaft danken; ebenso meiner Schwester Melanie, die mich mit der Makrobiotik vertraut machte, mich in die USA einlud und dort mit vielen genialen Lehrern zusammenbrachte und sich rührend um mich kümmerte. Und bei allen anderen Mitgliedern meiner wachsenden Familie möchte ich mich für die mir zuteil gewordene Freude bedanken – bei Adam, Angela und allen Nichten und Neffen.

Im Laufe der Jahre bin ich mit so vielen Lehrern zusammengetroffen, die mich ein Stück des Weges begleitet haben, und ihnen gilt an dieser Stelle mein Dank. Insbesondere möchte ich hier Michio Kushi erwähnen, der mich zu so vielen positiven Veränderungen in meinem Leben anregte und mir die grundlegenden Einblicke in die fernöstliche Philosophie und Medizin vermittelt hat. Shizuko Yamamoto dafür, daß er mich so hervorragend in der Kunst des Shiatsu unterwies und mein Augenmerk immer auf die praktischen Dinge des Alltags richten ließ. Patrick McCarty, Rik Vermuyten, Patrick Tiley und Saul Goodman waren mir nicht nur gute Lehrer in der Schule, auch in der Freizeit hatten wir immer eine Menge Spaß miteinander. Die Begegnungen mit Marc Van Cauwenberghe, Bill Tara und William Spear habe ich richtiggehend genossen und von dieser Zeit reichlich profitiert.

Was ich bei meiner Arbeit am meisten liebe und schätze, sind die Menschen, die ich dabei kennenlerne. Im Laufe der Jahre wurden viele meiner Klienten zu guten Freunden. Ich hätte sie alle gerne hier aufgezählt, wenn der Platz dazu gereicht hätte. Mein besonderer Dank gilt Boy George, Michael Maloney und Kim Andreolli, die immer für Abwechslung sorgten und auf die ich stets zählen konnte. Die Gesellschaft von Bruce Stonehouse habe ich gleichermaßen schätzen gelernt, und ich möchte mich bei ihm dafür bedanken, daß er die Manuskripte dieses Buches gelesen hat.

Weiterhin möchte ich Gina Lazenby und Heidi Gough für ihre unschätzbare Hilfe und Unterstützung in der Organisation von Veranstaltungen und Akquisition von Interessenten über das Internationale Feng-Shui-Netzwerk (Feng Shui Network International) danken; ebenso Harriet McNeer, die mir während meiner USA-Besuche immer zur Seite stand, ebenso wie Krista und Reid Berman.

Bedanken möchte ich mich auch bei all meinen Klienten, die mir die Früchte ihrer Erfahrungen zuteil werden ließen.

Michelle Pilley von HarperCollins, die dieses Buch in Auftrag gab, gebührt mein wärmster Dank dafür, daß sie an mich und an die Wirksamkeit des Feng Shui geglaubt hat.

Herzlichen Dank allen.

Einleitung

Als ich Ende der achtziger Jahre eine Wohnung im Londoner Stadtteil Primrose Hill kaufte, hatte ich erstmals Gelegenheit, die Prinzipien des Feng Shui in die Praxis umzusetzen. Bereits zuvor hatte ich sichergestellt, daß die Richtung meines Umzugs zum damaligen Zeitpunkt günstig für mich war. Bei der Wohnung selbst war jedoch noch eine Menge zu beachten. Zudem lag das Badezimmer nach Feng-Shui-Gesichtspunkten an der Stelle, an der idealerweise die Küche angeordnet sein sollte.

Die ganze Wohnung wurde renoviert und umgebaut, wobei Küche, Wohnzimmer und Bad weitestgehend nach Feng-Shui-Grundsätzen gestaltet wurden. Am Ende hatten wir ein Heim geschaffen, in dem wir uns nicht nur wohl fühlen konnten, sondern in dem ich auch eine äußerst glückliche Zeit meines Lebens verbrachte.

Diese meine zunächst subjektiven Gefühle haben im nachhinein ihre Bestätigung gefunden, als wir unsere Wohnung 1993 verkaufen wollten. Gekauft hatten wir sie zu einem Zeitpunkt, als sich die Immobilienpreise in London auf dem absoluten Höchststand bewegten, und als wir sie nun verkaufen wollten, hatte die Marktlage einen Tiefstand erreicht. Überall im Lande wurden große Verluste beim Verkauf von Eigenheimen registriert. Die Zahl der Übernahmen durch Banken stieg ständig. Über uns wohnende Nachbarn hatten ihre Wohnung zur gleichen Zeit wie wir gekauft und wollten jetzt ebenfalls verkaufen. Ihre Immobilie hatte zwanzig Prozent an Wert eingebüßt, was zu jener Zeit in England gang und gäbe war. Erstaunlicherweise hatten für unsere Wohnung drei Leute Interesse gezeigt und waren auch bereit, fünfzehn Prozent über unserem damaligen Kaufpreis aus den achtziger Jahren zu zahlen. Damit hatte sich die Renovierung mehr als bezahlt gemacht und sogar noch einen ordentlichen Gewinn abgeworfen.

Beim Umzug in mein jetziges Haus verfuhr ich nach den gleichen Grundsätzen. Zunächst fand ich die für mich in dem betreffenden Jahr günstigsten Richtungen heraus, dann sah ich mir verschiedene Wohnungen dort an, bis ich schließlich auf eine stieß, die das beste Feng Shui hatte. Einer meiner Gründe für den Umzug war, daß ich das Büro im Haus haben wollte, was sich auch als unbedingt vorteilhaft für mich erwiesen hat. Die Zahl der Besucher wächst stetig, und sogar diejenigen, die zum erstenmal zu mir kommen, sind von der hellen, sonnigen Atmosphäre meines Zuhauses geradezu fasziniert.

Ich definiere Feng Shui als die Kunst der Gebäudeplanung, die ausschließlich die Belange der Bewohner im Auge hat, ihr Glück und ihre Zufriedenheit. Wenn ich mit einem Bauvorhaben zu tun habe oder jemanden im Hinblick auf eine Umgestaltung seines Heims berate, lasse ich mich von einem einzigen Gedanken leiten: Wie kann ich meinen Auftraggeber dabei unterstützen, seine Träume und Wünsche im Leben in Erfüllung gehen zu lassen? Meine Empfehlungen sind so angelegt, daß das Wohnumfeld die Zukunftspläne der Betreffenden unterstützt und während ihrer Anwesenheit positiv beeinflußt. Die gleichen Untersuchungen nehme ich am Arbeitsplatz vor. Ich konzentriere mich darauf, wie ich einen Arbeitsplatz so gestalten kann, daß der Betreffende beruflich mehr Erfolg hat und dennoch mit seinen Kollegen in gutem Einvernehmen steht.

Es gibt viele Theorien darüber, wann und wie Feng Shui entstanden ist. Eine davon besagt, daß die alten Kulturvölker an den Ufern des Lo-Stroms in China siedelten. Die Gebiete wurden von verheerenden Überschwemmungen heimgesucht, die Felder und Gebäude verwüsteten. Um 4000 v. Chr. erfand schließlich ein Mann namens Fu Hsi eine Reihe von Verbesserungen an den Uferbefestigungen des Flusses und konnte so weitere Überflutungen verhindern. Er wurde zum Kaiser ernannt, und unter seiner Herrschaft gelangte die Region mehr und mehr zur Blüte. Den größten Erfolg konnte ein Gebiet verzeichnen, das im Osten vom Fluß begrenzt und vor den Nordost-Winden geschützt war. Feng Shui bedeutet wörtlich übersetzt Wind und Wasser.

Eines Tages sah Fu Hsi, als er meditierend an den Ufern des Lo-Flusses weilte, wie eine Schildkröte vor ihm aus dem Wasser kletterte. Schildkröten sind in China nicht nur ein Symbol für langes Leben, sondern haben auch große spirituelle Bedeutung. Mit Erstaunen stellte er fest, daß diese Schildkröte ein Muster von schwarzen und weißen Punkten auf ihrem Panzer trug. Diese Punkte ließen Gruppierungen von 1 bis 9 erkennen. Darüber hinaus waren sie so angeordnet, daß sie in vertikaler, horizontaler oder diagonaler Reihe in der Summe immerzu 15 ergaben (siehe Abbildung 1). Heute spricht man hierbei vom magischen Quadrat, das die Grundlage vieler Feng-Shui-Methoden bildet.

Mit diesem Buch beabsichtige ich, die wesentlichen Prinzipien des Feng Shui zu erläutern und dem Leser aufzuzeigen, wie diese in die Praxis umgesetzt werden können. Nachdem ich Einblick in die chinesische Medizin und Philosophie gewonnen hatte, konzentrierte ich mich mit der Zeit mehr auf Shiatsu, einer Form von Akupressur, bei der im Vergleich zur Akupunktur anstelle von Nadeln die Hände benutzt werden, um die jeweiligen Punkte zu stimulieren oder zu sedieren. Das hat sich als eine ausgezeichnete Grundlage für meine weiteren Studien erwiesen, denn ich konnte später die mir schon geläufigen Fähigkeiten zum Erfühlen von Energiebe-

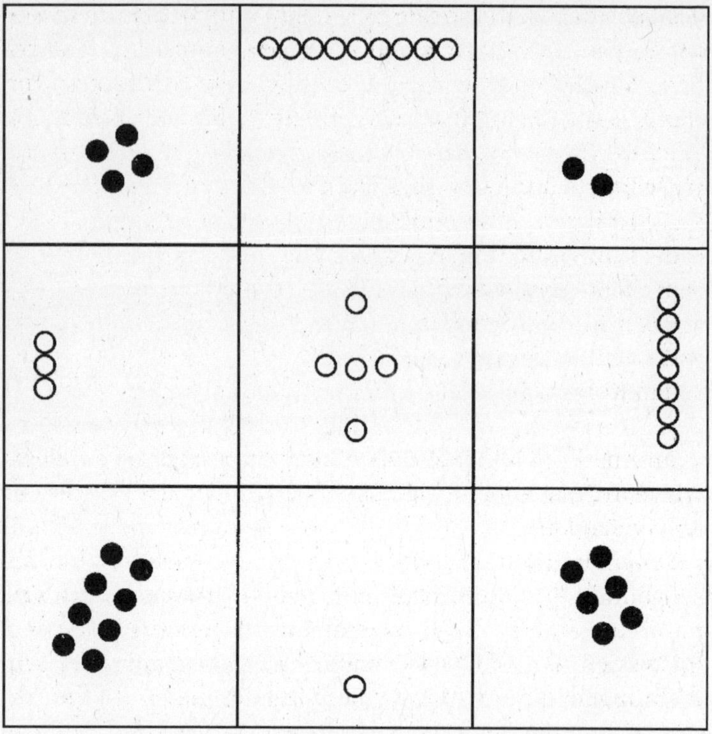

Abb. 1 Schematische Anordnung schwarzer und weißer Punkte auf dem Panzer einer Schildkröte – das magische Quadrat.

wegungen bei einem Menschen nutzen, um den Energiefluß in einem Haus aufzuspüren. Während meiner Studienzeit hörte ich von Feng Shui zum erstenmal im Rahmen von Vorlesungen über fernöstliche Medizin und Makrobiotik. Feng Shui basiert auf ähnlichen Prinzipien wie die chinesische Medizin, nur wendet man sie nicht auf Menschen, sondern auf Gebäude an. Die damaligen Vorlesungen sowie meine Gespräche mit den Kundigen und Meistern der chinesischen Medizin gaben mir eine solide Einführung in die Grundlagen des Feng Shui. Ich möchte Sie zu einer ähnlichen Reise einladen, wie sie mich letztendlich dahin geführt hat, daß ich Feng-Shui-Berater wurde. Um Ihnen ein wirkliches Verständnis vom Feng Shui zu vermitteln, erläutere ich zunächst

- ✧ die Energie, mit der wir arbeiten,
- ✧ die Kräfte von Yin und Yang,
- ✧ die fünf Wandlungen der Energie,
- ✧ die acht Trigramme,
- ✧ das magische Quadrat,
- ✧ die acht Richtungen und
- ✧ den Kompaß.

Im Anschluß an diese Darlegungen werde ich beschreiben, wie man Feng Shui im eigenen Zuhause oder am Arbeitsplatz anwenden kann.

Feng Shui wird in China, Japan und Hongkong seit vielen Jahrhunderten praktiziert. In einem so großen Gebiet sind natürlich unterschiedliche Feng-Shui-Schulen entstanden. Im Westen sind vier Methoden besonders verbreitet: die acht Richtungen, die acht Häuser, der fliegende Stern und die Formen-Schule. Bei der Technik der acht Richtungen, der acht Häuser und des fliegenden Sterns wird jeweils ein Kompaß zur Beurteilung der Frage eingesetzt, wie die Energie die Bewohner in jedem einzelnen Teil eines Gebäudes beeinflußt. Bei diesen Methoden geht man davon aus, daß das Magnetfeld der Erde, die Solarenergie der Sonne und die Einflüsse der Planeten den größten Effekt darauf haben, wie die Energie ein Gebäude durchströmt. Alle diese Feng-Shui-Methoden sind sehr eng mit einer fernöstlichen Astrologieform, der sogenannten Neun-Ki-Astrologie, verwoben.

DIE ACHT RICHTUNGEN ODER DIE KOMPASS-METHODE

Bei dieser Methode wird ein Kompaß zur lagemäßigen Bestimmung von acht unterschiedlichen Zonen benutzt, in der jeweils eine bestimmte Energieart vorherrscht. Es werden die charakteristischen Merkmale eines Gebäudes wie Türen, Fenster und Treppen, die Funktion der Räume beispielsweise einer Küche sowie die Form des Gebäudes untersucht, um deren Einflüsse auf das Wohnen zu beurteilen, je nachdem, in welcher Richtung sie angeordnet sind. Zusätzlich kommt die Neun-Ki-Regel der Feng-Shui-Astrologie zur Anwendung, um die Auswirkungen von Zeitpunkt und Richtung eines Umzugs zu berechnen und zu bewerten; weiterhin läßt sich der ideale Termin festlegen, wann geplante Umbaumaßnahmen am Gebäude oder bedeutsame Veränderungen im Leben der Bewohner vorzunehmen sind. Außerdem beeinflußt die persönliche Neun-Ki-Zahl der Bewohner alle für das Haus erarbeiteten Empfehlungen.

DIE ACHT-HÄUSER-METHODE

Bei diesem System wird die Lage der Gebäudefassade mit ihrer jeweiligen Kompaßpeilung herangezogen, um das Wesen und den Charakter von acht Segmenten in einem Gebäude, den sogenannten Häusern, zu bestimmen. Von dem Geburtsdatum der Bewohner sowie anderen Neun-Ki-Informationen lassen sich sodann bestimmte Aussagen über die Eignung eines jeden der acht Häuser innerhalb des Gebäudes für die einzelnen Bewohner ableiten.

DIE METHODE DES FLIEGENDEN STERNS

Bei dieser Schule wird die Lage der Gebäudefront mit ihrer jeweiligen Kompaßpeilung benutzt, um ein Schema auszurichten, auf das das Entstehungshoroskop des Gebäudes gelegt wird. Das Gebäudehoroskop wird anhand des Fertigstellungsdatums eines Komplexes erstellt. Anschließend können die charakteristischen Gebäudemerkmale und die Umgebungslandschaft untersucht und ihre Auswirkung auf das Gebäudehoroskop berechnet werden. Zu Beginn eines jeden Jahres kann man zusätzlich noch die Neun-Ki-Tafel des betreffenden Jahres über das Gebäudehoroskop legen, um auf diese Weise Einblicke in mögliche Problemzonen in jenem kommenden Jahr zu erhalten.

DIE FORMEN-SCHULE

Der Hauptunterschied bei dieser Methode besteht darin, daß man hier auf den Kompaß ganz verzichtet. Der Leitgedanke ist, daß der Energiefluß im ganzen Gebäude davon bestimmt wird, auf welche Weise jemand ein Gebäude betritt. Daher wird ausgehend vom Haupteingang des Gebäudes ein Schema von neun Quadraten – Ba Gua genannt – darauf ausgerichtet. Auf diese Weise erhält man Informationen darüber, wie jede Zone den einzelnen Bewohner beeinflußt.

Die Vertreter der ersten drei Schulen arbeiten mit einem ausgeklügelten Kompaß, den sogenannten Lo Pan, der so angelegt ist, daß man umfangreiche Aussagen über die acht Zonen des Gebäudes erhält.

Ich habe sowohl mit der Formen-Schule als auch mit dem System der acht Richtungen beziehungsweise der Kompaß-Methode des Feng Shui Erfahrungen gesammelt. Für mein eigenes Feng-Shui-Konzept hat sich die Kompaß-Methode am besten bewährt. In diesem Buch werde ich daher den Schwerpunkt auf die Kompaß-Methode legen. Darüber hinaus gebe ich eine Grundeinführung in die mit ihr verwobene Neun-Ki-Astrologie.

In den Jahren, in denen ich als Feng-Shui-Berater tätig war, habe ich Hunderte von Wohnhäusern, Büros und Geschäftsräumen besichtigt. Von jedem Gebäude habe ich zunächst einen Grundriß erstellt oder vorhandene Pläne benutzt und die Prinzipien der Kompaß-Methode des Feng Shui dann konsequent zur Anwendung gebracht. In jedem Einzelfall habe ich mir die Geschichte angehört, die meine Klienten hinsichtlich ihrer Erfahrungen seit dem Einzug zu erzählen hatten. Indem ich immer wieder die gleichen Prozesse mit jedem Klienten durchlief, konnte ich mir ein Bild davon machen, wie Zeitpunkt und Richtung eines Umzugs in ein neues Gebäude sowie das Haus selbst das Leben seiner Bewohner beeinflußt hatte. Ich bin zu der Erkenntnis gelangt, daß ich Menschen um so besser dahingehend beraten kann, wann sie einen Ortswechsel vornehmen sollen, welche Richtung am günstigsten für sie wäre und welches Gebäude ihnen am ehesten zu einem erfolgreichen Leben verhelfen würde, je mehr Mühe ich mir mit der Erforschung der Geschichte des betreffenden Gebäudes und der Bewohner selbst gebe.

Kein Gebäude ist in sich vollkommen, und die meisten Menschen meinen, bestimmte Bereiche ihres Lebens ändern zu müssen. Ein Großteil meiner Arbeit besteht somit darin, bestehende Gebäude zu besichtigen und die Bewohner dahingehend zu beraten, wie sie ihren Lebens- oder Arbeitsbereich verbessern können. Für jeden Klienten behalte ich mir eine Kopie der Zeichnungen und meinen Abschlußbericht. So kann ich über Jahre hinweg mit ihnen in Kontakt bleiben und die Wirkung meiner Empfehlungen mitverfolgen.

Man hat mich schon oft gefragt: »Funktioniert Feng Shui

denn wirklich? Was kann ich erwarten?« Meiner Meinung nach ist Feng Shui nur ein Teil aus dem Puzzle, es ist nicht das Puzzle selbst. Manche meiner Klienten konnten schnell erstaunliche Ergebnisse registrieren, für andere hingegen war es nur ein kleiner Schritt auf dem Weg zu einer besseren Lebensqualität.

Angesichts der Vielfalt der Menschen, ihrer unterschiedlichen Lebensformen und der mit Feng Shui erzielten Wirkungen fällt mir eine einfache Beantwortung der obigen Frage schwer. Ich habe jedenfalls gelernt, daß es entscheidend darauf ankommt, in welcher astrologischen Phase sich jemand gerade befindet, in welche Richtung und zu welchem Zeitpunkt ein Ortswechsel erfolgt, und auf welche Art und Weise die Chi-Energie durch das von den Betreffenden bewohnte Gebäude strömt. Erweist sich nur einer dieser Faktoren als ungünstig und kann korrigiert werden, so können sich für den Betreffenden viel rascher greifbare Ergebnisse einstellen. Jemand bezieht beispielsweise ein neues Haus in einer für ihn guten Richtung und befindet sich zudem in einer astrologisch günstigen Phase in bezug auf das, was er erreichen möchte, doch mit seinem neuen Haus ist offensichtlich etwas nicht in Ordnung. Das Schlafzimmer ist so angeordnet, daß die Energie gegen ihn arbeitet, und das Bett selbst ist einer Richtung zugewandt, die die Energie auf eine Weise beeinflußt, daß es den Betreffenden auf seinem Erfolgskurs im Leben behindert. Angenommen, alles andere in dem Haus wäre günstig und man würde das Bett an einem zuträglicheren Ort aufstellen, so würde der Hausherr dadurch eine enorme Verbesserung seiner Lebensqualität erfahren können.

Meine Arbeit ähnelt vielfach der eines Detektivs. Um überhaupt jemandem helfen und eine optimale Lösung präsentieren zu können, muß ich zunächst einmal den Problemen auf den Grund gehen. Das umfaßt detaillierte Analysen und Untersuchungen

- der Neun-Ki-Astrologie-Tafel jedes einzelnen Bewohners,
- der Ortswechsel,
- des Zeitpunktes wichtiger Ereignisse im jeweiligen Leben, und
- des Gebäudes, in dem die Betreffenden wohnen und/oder arbeiten.

Habe ich alle diese Daten zusammengestellt, kann ich die Frage schon viel besser beantworten, ob und inwieweit Feng Shui etwas für die betreffende Person bringen kann. Dann bin ich auch zuversichtlich in meinen Aussagen darüber, was meine Auftraggeber erwartet und wann die Zeit dafür reif ist.

Ich bin davon überzeugt, daß Feng Shui letztlich bei jedem wirkt. Es stellt sich jedoch die Frage, ob die Erwartungen des einzelnen in bezug auf Feng Shui hinsichtlich seiner eigenen Situation auch realistisch sind.

Bei der Abfassung dieses Buches habe ich mich auf die Aspekte des Feng Shui konzentriert, die mir bei meinen eigenen Feng-Shui-Beratungen stets am wichtigsten erschienen, und mich bemüht, diese so ausführlich wie möglich darzustellen. Das vorliegende Werk ist nicht als umfassender Leitfaden für alle Gesichtspunkte des Feng Shui gedacht. Es gibt viele ausgezeichnete Abhandlungen und Schriften über Feng Shui, und ich empfehle jedem, sich über die verschiedenen Ansätze zu informieren.

Die Strukturierung dieses Buches erfolgte in enger Anlehnung an meine eigene Feng-Shui-Praxis. Zunächst erläutere ich die Prinzipien des Feng Shui und beschreibe, wie jeder seine eigene Feng-Shui-Detektivarbeit aufnehmen und durchführen kann. Zum Schluß stelle ich einige repräsentative Feng-Shui-Lösungsbeispiele vor.

1
Die Chi-Energie

Die östliche Medizin und Philosophie basiert auf der Annahme, daß mit allen physischen Aspekten unserer Welt des Sehens, Hörens, Fühlens, Riechens und Schmeckens eine subtile Bewegung elektromagnetischer Energie einhergeht. In China heißt diese Energie Chi (wird manchmal auch Qi geschrieben), in Japan Ki und in Indien Prana.

Diese Energie durchfließt ähnlich wie das Blut unseren Körper. Sieben große Chi-Konzentrationen, auch Chakras genannt (siehe Abbildung 2), sind entlang der Mittelachse unseres Körpers angeordnet. Von den Chakras gehen vierzehn große Chi-Energie-Leitbahnen ab, die sogenannten Meridiane. Wie große Blutgefäße transportieren sie die Chi-Energie in immer feineren Kanälen, bis jede Zelle sowohl mit Blut als auch mit Chi angereichert ist (siehe Abbildung 3).

Während unser Blut Träger von Sauerstoff und Nährstoffen wie Proteinen, Kohlehydraten, Fetten, Vitaminen und Mineralien ist, werden die Gedanken, Ideen, Emotionen und Träume, die unser Leben bestimmen, von der Chi-Energie transportiert. Vielleicht haben auch Sie schon einmal die Erfahrung gemacht, ganz plötzlich eine brillante Idee zu haben und sich sogleich körperlich durch und durch anders zu fühlen. Viele Menschen empfinden dies als ein Kribbeln, das den Körper durchzieht. Warum wir uns physisch so anders fühlen, liegt, so glaube ich, im Fluß der Chi-Energie, der wiederum von unserer emotionalen Befindlichkeit abhängt. Das allgemeine Interesse am positiven Denken weist uns einen

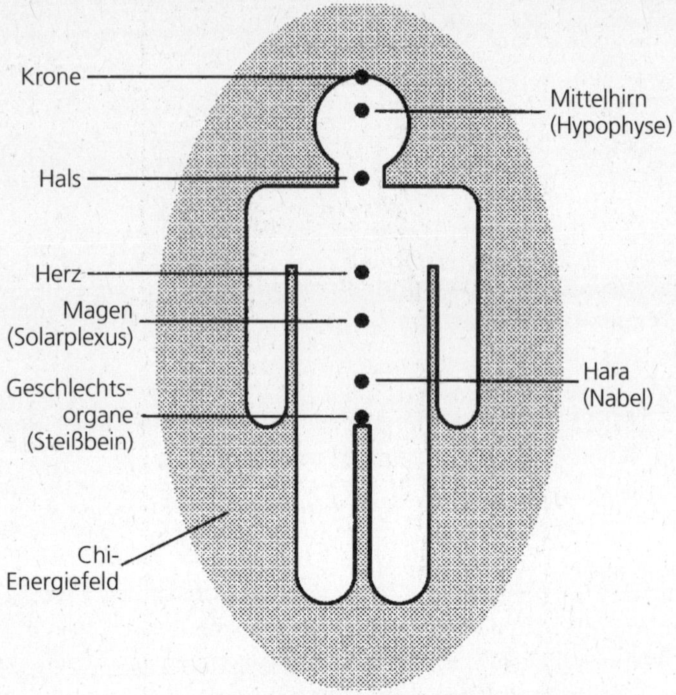
Krone
Mittelhirn
(Hypophyse)
Hals
Herz
Magen
(Solarplexus)
Hara
(Nabel)
Geschlechts-
organe
(Steißbein)
Chi-
Energiefeld

Abb. 2 Sieben große Energiekonzentrationen – die Chakras. Die Chi-Energie breitet sich in der Regel zwischen 10 cm und 1 m über unsere Haut hinaus aus.

Weg, wie wir auf die Qualität der unseren Körper durchströmenden Chi-Energie Einfluß nehmen können. Wenn wir uns unsere besten Charaktereigenschaften immer wieder ins Bewußtsein rufen, optimistisch in die Zukunft schauen und Gefühle der Liebe erzeugen, schaffen wir durch diese Art der Selbstdisziplinierung eine Energie, die all unsere Zellen im Körper nährt. Das könnte auch eine Erklärung dafür sein, warum Menschen durch verändertes Denken von einer lebensbedrohenden Krankheit genesen konnten.

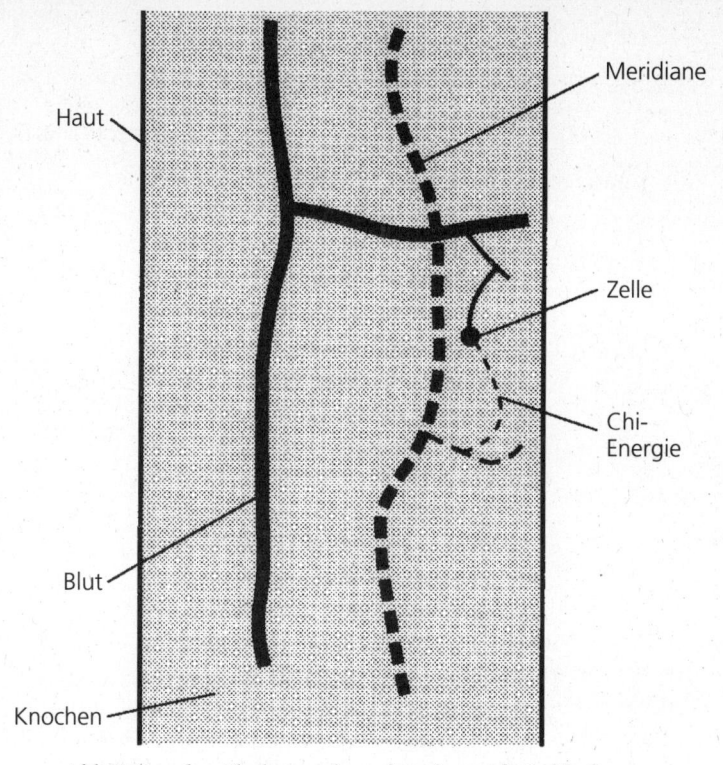

*Abb. 3 Von den Chakras gehen vierzehn große Leitbahnen
der Chi-Energie ab – die Meridiane.*

Ein ganz wichtiger Aspekt ist die Einsicht, daß unsere Gedanken und Emotionen nicht nur die Qualität unserer eigenen Chi-Energie beeinflussen und dieses Chi wiederum auf die Qualität jeder einzelnen Zelle in uns einwirkt, sondern daß die Beschaffenheit unserer Zellen ebenfalls auf das Wesen der sie durchfließenden Chi-Energie wirkt und damit wiederum unsere Gedanken beeinflußt werden. Es handelt sich hierbei um eine sogenannte Zwei-Wege-Dynamik (siehe Abbildung 4).

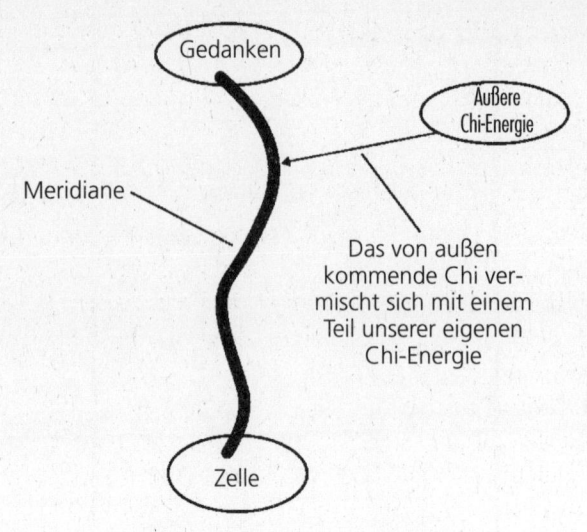

Abb. 4 Die Zwei-Wege-Dynamik

Kommen Patienten zur Shiatsu-Behandlung in meine Praxis, so liegt gewöhnlich ein physisches Problem zugrunde. Nach der Therapie sind sie allerdings oft verblüfft, wie sich gleichzeitig auch ihre Gefühlslage verändert hat. Wenn durch die Behandlung der Fluß der Chi-Energie verbessert werden konnte, ist es nur natürlich, daß damit auch eine positivere Einschätzung ihrer gegenwärtigen emotionalen Situation einhergeht. Am Ende fühlen sich die Patienten sowohl emotional als auch physisch deutlich besser.

Wir haben alle wohl schon einmal feststellen können, daß bei Depressionen stimulierende körperliche Übungen eine Veränderung unserer Befindlichkeit bewirken. Ebenso verhilft ausgedehntes, langsames Strecken und tiefes Atmen zu einem schnellen Stimmungsumschwung, wenn wir beispielsweise verärgert oder angespannt sind.

Der große Unterschied zwischen der Chi-Energie und unserem Blut besteht darin, daß sich das Blut, abgesehen von der Menstruation, im Normalfall innerhalb des Körpers beziehungsweise der Haut bewegt, während sich die Chi-Energie normalerweise zehn Zentimeter bis einen Meter über die Haut hinaus ausdehnt (siehe Abbildung 2). Das macht unsere eigene Chi-Energie auch so leicht beeinflußbar. Das uns umgebende Chi vermischt sich mit einem Teil unseres eigenen. Ich selbst habe beispielsweise große Unterschiede feststellen können, je nachdem, ob jemand synthetische Kleidung oder solche aus naturbelassenen Materialien wie Baumwolle, Leinen oder Seide trägt. Die synthetischen Produkte bringen eine gewisse statische Aufladung mit sich, die meiner Erfahrung nach mit dem körpereigenen Energiestrom kollidiert.

Vergleichbar damit hat jedes Gebäude seine ihm eigene und unverwechselbare Chi-Energiebewegung. Meiner Ansicht nach ist sie es, die die Atmosphäre eines Ortes ausmacht. In manchen Gebäuden fühlt man sich von Natur aus viel inspirierter, energetisierter und positiver – die Atmosphäre beflügelt uns geradezu. Das Gegenteil kann natürlich auch der Fall sein. Ich empfinde ein paar Stunden in einem großen Gebäude, beispielsweise einem modernen Einkaufszentrum oder einem Krankenhaus, als körperlich auszehrend und entnervend. Bin ich hingegen draußen auf dem Lande, kann ich stundenlang umherlaufen und dennoch erfrischt und emotional ausgeglichen sein. Tatsächlich fühle ich mich am Ende sogar viel besser. Wo immer wir uns aufhalten, unterliegt unser eigener Chi-Energiestrom einer ständigen Beeinflussung durch die Umgebung. In modernen Gebäuden sind häufig synthetische Teppiche verlegt oder Baumaterialien aus Kunststoff, künstliches Licht und Klimaanlagen eingesetzt.

Nicht nur unsere Kleidung und das Gebäude, in dem wir uns aufhalten, wirken auf unser Chi, auch die Chi-Energien anderer Menschen, der uns umgebenden Landschaft und des Wetters – sie alle beeinflussen unsere eigene Chi-Energie.

Auf meine ursprüngliche Definition des Feng Shui zurückkommend, interessiert uns in erster Linie die Frage, was wir in einem Gebäude tun können, damit die individuelle Chi-Energie der Bewohner so fließt, daß sich physisches und emotionales Wohlbefinden einstellt. Haben wir dieses Ziel erreicht, so kann sich daraus eine Vielfalt von Möglichkeiten für die Bewohner eröffnen. Ich habe einmal einem befreundeten Akupunkteur Feng Shui wie folgt zu erklären versucht: Richten Sie Ihr Zuhause so ein, daß Sie in dem Eindruck leben, als würde Ihnen unaufhörlich der Segen einer Akupunkturbehandlung zuteil! Haben Sie beispielsweise einmal den idealen Platz für Ihr Bett gefunden, werden jene sechs bis acht Stunden, die Sie dort in der Regel verbringen, ganz bestimmt den Chi-Fluß um Ihren Körper herum verbessern, so daß Sie sich allmorgendlich physisch fit fühlen, dem anbrechenden Tag frohen Mutes entgegensehen und einen klaren Kopf im Alltag behalten.

In einem größeren Zusammenhang betrachtet, durchfließt die Chi-Energie nicht nur unseren Planeten, sondern auch das gesamte Sonnensystem und die Galaxis. Unser eigener Planet erzeugt eine große Chi-Energiebewegung, die nach außen und damit vom Planeten wegströmt; sie wird als Erdkraft bezeichnet. Gleichzeitig strahlen die uns umgebenden Planeten Energie ab, die zur Erde gelangt und in sie eindringt. Diese Energie nennen wir Himmelskraft (siehe Abbildung 5). Deshalb können auch die Erde und die sie umgebenden Planeten die Bewegung der Chi-Energie beeinflussen, was sich wiederum auf unseren eigenen, ganz persönlichen Chi-Energiefluß auswirkt. Da sich die Position der Erde, der Sonne und der Planeten ständig ändert, ändert sich auch die Art und Weise, wie das Chi fließt. Die Neun-Ki-Astrologie ist die Lehre von diesen großen Chi-Energie-Bewegungszusammenhängen im Universum und der Vorhersage von Auswirkungen auf die Energie jedes einzelnen.

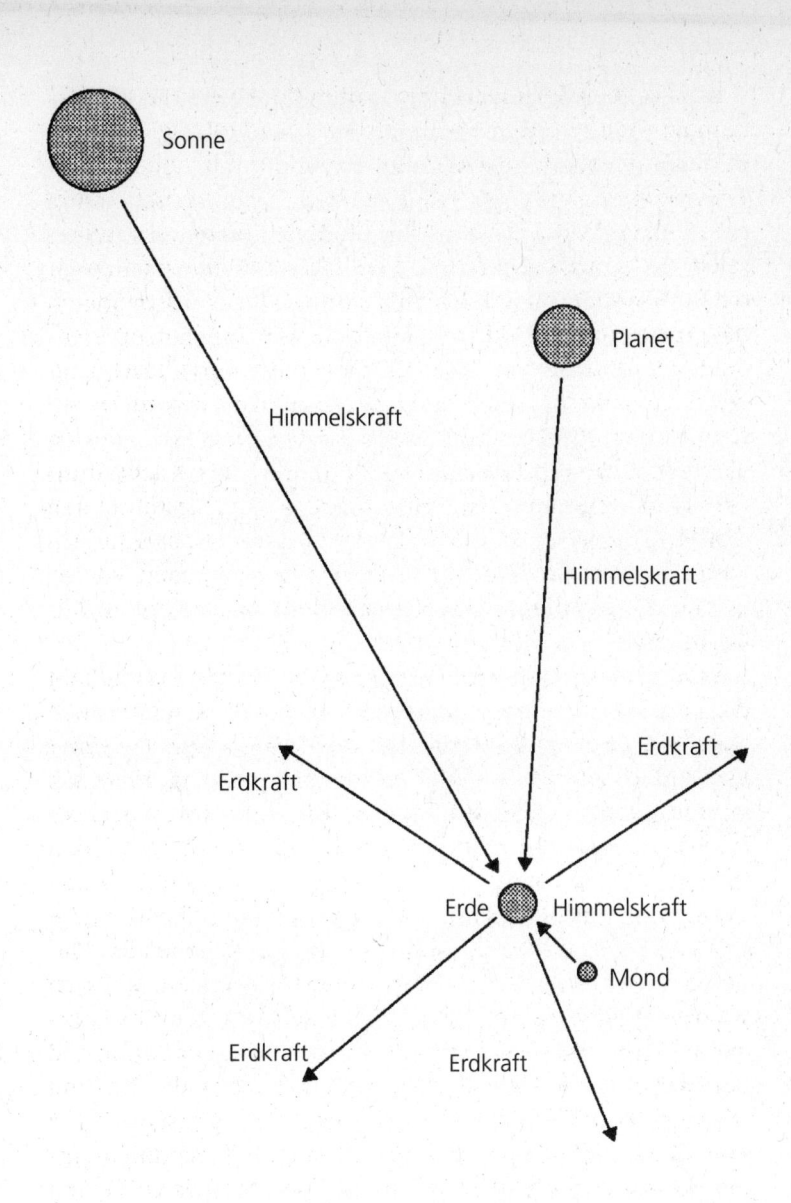

Abb. 5 Die Chi-Energie-Bewegung im Sonnensystem.

Während Feng Shui also ein Verständnis vermittelt, wie die Energie innerhalb eines bestimmten Raumes fließt, versucht die Neun-Ki-Astrologie, Einblicke zu vermitteln, wie sich der Zeitfaktor auf den Energiefluß auswirkt. In der Kombination geben beide Systeme eine Zusammenschau von Zeit und Raum ab. Aus diesem Grund beziehe ich auch die astrologischen Implikationen nach der Neun-Ki-Theorie in meine Betrachtungen mit ein. Beispielsweise beauftragte die Mobiltelefongesellschaft »Orange« jüngst einen Feng-Shui-Berater nicht nur mit der Planung und Gestaltung ihrer Verwaltungsräume, sondern wollte auch dahingehend beraten werden, wann der günstigste Zeitpunkt für die Aufnahme des Betriebs in Großbritannien gegeben sei.

Vielleicht läßt sich die Chi-Energiebewegung am besten in der Vorstellung veranschaulichen, einmal hoch ins All aufzusteigen, weg von unserem Planeten, um so auf die Erde herunterschauen zu können. Tun wir so, als könnten wir sehen, wie sich Luft und Wasser bewegen. Einige Zonen sind ruhig, während in anderen schnelle, sich jagende Bewegungen stattfinden. Die Chi-Energie bewegt sich in ähnlichen Mustern. Der Name Feng Shui in der Bedeutung von Wind und Wasser ist deshalb so außerordentlich treffend, weil die Bewegung der Chi-Energie das Bewegungsspiel spiegelt, das wir in unserem eigenen Wind und Wasser sehen.

Führen wir uns beispielsweise ein schnell fließendes Gewässer vor Augen, das einen scharfen Eckpunkt passiert (siehe Abbildung 6). Im Vorbeifließen wird das Wasser aufgewirbelt und bildet an manchen Stellen Strudel. Das gleiche geschieht mit der Luft, wenn der Wind auf eine spitze Ecke stößt. Und mit dem Fluß der Chi-Energie verhält es sich nicht anders: sobald sie eine vorstehende Kante in einem Raum passiert, verwirbelt sie sich. Bei dieser Energieverwirbelung sprechen wir von der »Chi-Brechung«, die überall dort auf-

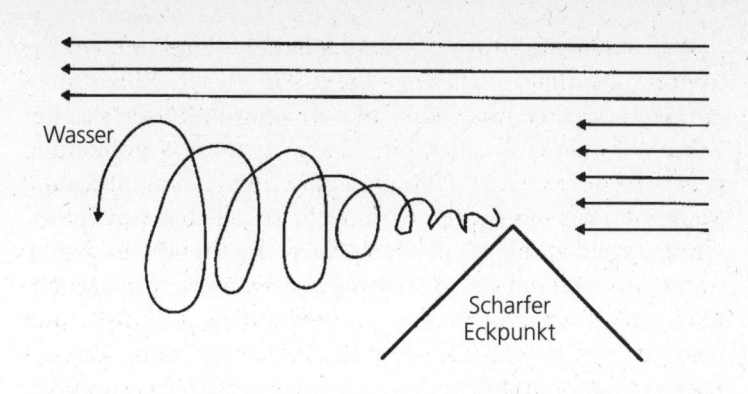

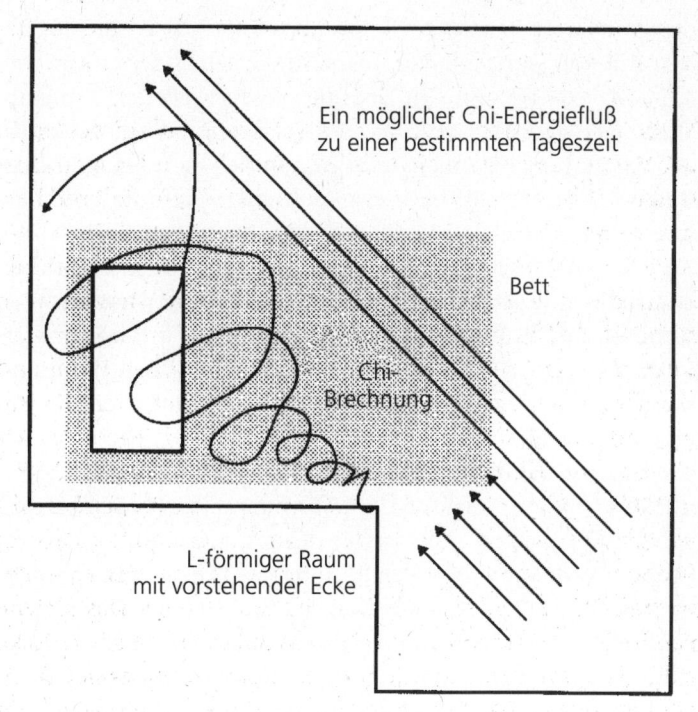

Abb. 6 Chi-Brechung

tritt, wo eine scharf vorspringende Ecke anzutreffen ist. In Restaurants und Hotelhallen habe ich bemerkt, daß sich Menschen im allgemeinen nicht auf einen Stuhl setzen, der genau vor einer vorspringenden Ecke plaziert ist. Nimmt man im Bereich einer solchen Energiespirale Platz, wird die eigene Energie aufgewirbelt; man fühlt sich sogleich desorientiert und innerlich aufgewühlt. Schläft man beispielsweise über einen längeren Zeitraum unmittelbar vor einer derartigen Ecke, könnte dieses ständig dem wirbelnden oder brechenden Chi Ausgesetztsein am Ende zu gesundheitlichen Beeinträchtigungen führen.

Neben den vorspringenden Ecken sind noch andere mögliche Einflußfaktoren beim Chi-Energiestrom zu berücksichtigen. Türen, Fenster, Treppen, die Gebäudeform, die Landschaft vor Ort und die Himmelsrichtung der Hausvorderseite – sie alle beeinflussen auf ihre Weise die Bewegung der Chi-Energie im Bereich unseres Wohnens oder Arbeitens.

Im Rahmen einer Feng-Shui-Beratung wird unter anderem auch untersucht, wie sich diese charakteristischen Gebäudemerkmale im einzelnen auf den Chi-Fluß auswirken und welche Wege und Möglichkeiten es gibt, diese Energieströme zu harmonisieren. Vielfach weisen einige Zonen im Haus rasch fließende und turbulente Energien auf, während andere ausgesprochen ruhig und still sind. Es ist meine Aufgabe, eine Situation zu schaffen, die einen harmonischen Energiefluß im ganzen Haus gewährleistet.

In den Anfängen des Feng Shui war es für mich hochinteressant festzustellen, daß Restaurants und Läden an Orten mit wenig Feng Shui nicht florierten. Als ich mich mit den dort arbeitenden Menschen unterhielt, meinten diese, das Gebäude selbst stünde unter einem unglücklichen Stern. Klienten haben mich gelegentlich um Hilfe ersucht, weil ihre Ehe auseinanderzubrechen drohte; bei näherer Betrachtung stellte sich dann heraus, daß sie das Haus, in dem sie lebten, von Leuten erworben hatten, die wegen ihrer Scheidung verkaufen mußten, und daß auch diese es wiederum von einem geschiedenen Paar erstanden hatten. Ein Gebäude, in dem drei »Generationen« gelebt haben, die sich allesamt scheiden ließen, muß generell vor einem Einzug genauer unter die Lupe genommen werden.

Ähnlich verhielt es sich auch mit anderen Klienten, die ein an die Bank zurückgefallenes Haus erworben hatten, dessen frühere Besitzer in finanzielle Schwierigkeiten geraten waren, nur um zu der Feststellung zu gelangen, daß sie sich nun ebenfalls in Finanznöten befanden.

Meine eigene Erfahrung hat mir bestätigt, daß das Haus, in dem wir wohnen und leben, seine eigene, unverwechselbare Chi-Energiebewegung aufweist und diese wiederum ihre Wirkung auf unseren persönlichen Energiefluß ausübt, was sich dann in unserem emotionalen und physischen Wohlbefinden niederschlägt. Durch eine bessere und harmonischere Chi-Strömung in unseren eigenen vier Wänden können wir zu positiven Veränderungen in uns selbst finden, und das wiederum stärkt unsere Fähigkeit, die Träume unseres Lebens Wirklichkeit werden zu lassen.

2
Yin und Yang

Die Chinesische Medizin und Philosophie – Ursprünge des Feng Shui – basieren auf den Prinzipien von Yin und Yang. Diese beiden Worte werden zur Beschreibung all dessen benutzt, was uns umgibt und wie dies auf uns einwirkt. Als diese Grundlagen entwickelt wurden, waren die Menschen wohl in erster Linie mit Ackerbau und Viehzucht, der Befriedigung ihrer materiellen Grundbedürfnisse und ihrer Gesundheit befaßt. Mit Yin und Yang entstand ein System, mit dem sie Geschehnisse der Vergangenheit betrachten konnten, um daraus Prognosen für die Zukunft abzuleiten.

Hierzu möchte ich ein Beispiel anführen. Bei Vollmond, so sagten die Chinesen damals, überwiegt das Yang; das bedeutet, wir sind aktiver, möchten ausgehen und sind generell kontaktfreudiger. Heute, also Jahrhunderte danach, läßt sich so etwas mit Statistiken belegen; Versicherungsgesellschaften können bestätigen, daß bei Vollmond die Zahl der Autounfälle steigt, die Kriminalität in New York zunimmt und die Zahl der Aufnahmen in den Unfallstationen der Krankenhäuser hochschnellt. Umgekehrt pflegten die alten Chinesen bei Neumond zu sagen, wir werden Yin-betonter, das heißt friedfertiger, eher spirituell ausgerichtet und insgesamt ruhiger.

Wenn wir also eine großangelegte Party geben möchten, wann wäre dafür wohl der richtige Zeitpunkt nach dieser Kurzlektion in Sachen Yin und Yang? Natürlich bei Vollmond. Dann haben die Menschen nämlich mehr Lust, auszugehen und sich zu amüsieren.

Es dreht sich im Grunde doch darum, mit weniger Aufwand mehr aus unserem Leben zu machen: Schließlich bleiben uns allen hier auf diesem Planeten nur eine bestimmte Anzahl von Jahren, warum also nicht das Beste daraus machen? Stellen Sie sich einmal vor, Sie wären jetzt neunzig. Eines Tages ist der Zeitpunkt gekommen, da Sie wissen, daß Sie sterben werden, und trotzdem fühlen Sie sich ausgesprochen friedvoll, ruhig und gelassen. Bei der Rückschau auf die vergangenen Jahre erkennen Sie, daß Sie Ihr Leben aus der Fülle gelebt haben. Sie können nicht umhin zu denken, was für ein wunderbares Dasein Sie doch gehabt haben. Yin und Yang sind das Rüstzeug auf dem Weg zu diesem Ziel. Warum also einer von jenen sein, der seine Party bei Neumond abhält, eine Menge Zeit und Arbeit hineinsteckt, um schließlich feststellen zu müssen, daß nur die Hälfte der Gäste erschienen ist und daß die Anwesenden nur herumhängen und über sich selbst reden wollen. Die armen Gastgeber sind frustriert, weil sie glauben, kein vernünftiges Fest auf die Beine stellen zu können; doch der eigentliche Grund war eine schlechte Zeitplanung.

Der gleiche Ansatz gilt für die Nahrung, körperliche Betätigung und unser Zuhause. In jeder Wohnung gibt es Zonen, die tatsächlich dabei helfen können, unsere Ziele zu verwirklichen. Ob wir nun entspannen, auf andere Gedanken und neue Ideen kommen oder einfach mehr Energie haben wollen, das Geheimnis besteht darin, jenen Ort zu finden, der die uns unterstützende Atmosphäre und Umgebung hat.

Um das im Feng Shui benutzte »Werkzeug« richtig verstehen zu können, müssen wir uns zunächst mit Yin und Yang als den wesentlichen Komponenten der Theorie befassen. Wir brauchen eine Art Bezugsrahmen, um aus unseren Erfahrungen lernen und uns mitteilen zu können. Einfache Rechenformen wie die Addition liefern uns das Rüstzeug zur Erledigung der täglichen Pflichten wie beispielsweise des Einkaufens. Wir benutzen es zum Zählen der von uns benötigten Lebensmittel, zur Ermittlung der Kosten oder zur Addition des Gewichts der Inhaltsstoffe. In diesem Zusammenhang kommen wir mit dem Rüstzeug zurecht, und wir setzen es tagtäglich zu unserem Nutzen ein.

In der Praxis funktioniert das Addieren von Zahlen jedoch nicht immer, und oft lassen sich damit lediglich Näherungswerte ermitteln. Nehmen wir beispielsweise zwei Tropfen Wasser und fügen zwei weitere hinzu, so haben wir am Ende nur einen Tropfen Wasser anstelle von vier. Wollten wir die Wassertropfen wiegen, würden wir bald einsehen, daß jeder Tropfen sein Gewicht ständig verändert. Er kann verdunsten oder Staub aufnehmen. Auch unsere Waage befindet sich in einem Prozeß der Wandlung – je nach Temperatur dehnt sie sich aus oder zieht sich zusammen. Letztendlich können wir nur die Aussage machen: Wenn wir vier Wassertropfen nehmen, von denen jeder ein Gramm wiegt, und diese zusammenschütten, ergibt das in etwa vier Gramm. Die Yin- und Yang-Theorie ist ein ähnliches Instrument. Durch das Studium von Yin und Yang erfahren wir in kürzester Zeit weit mehr über unsere Umwelt und wie diese auf uns einwirkt, als wenn wir dies nur über unsere eigenen zufälligen Erfahrungen festzustellen versuchten. Haben wir und unser Gesprächspartner erst ein Grundverständnis von Yin und Yang, dann haben wir auch eine gemeinsame Sprache gefunden und können unsere Erfahrung aus der Umwelt auf einer viel tiefer greifenden Ebene erörtern. Deshalb zielen alle in diesem Buch enthaltenen Ideen und Konzepte nur darauf ab, ein besseres Verständnis für das zu erwecken, was um uns und in uns geschieht, damit wir anschließend mit anderen Menschen darüber sprechen können. Sobald wir versuchen, diese Instrumente zu etwas Starrem und Absolutem zu erheben, werden sie schwer verständlich. Es mag lächerlich anmuten, jemandem, der gerade Wassertropfen zusammengießt, die mathematische Addition erklären zu wollen, – genauso verhält es sich mit dem Feng Shui. Zum Glück finden die Prinzipien des Feng Shui schon seit Jahrtausenden Anwendung, so daß die Menschen ausreichend Zeit gehabt haben, sie im Detail auszuprobieren, ihre Gültigkeit zu hinterfragen und die praktische Anwendung weiterzuentwickeln.

Ich rate dazu, stets offen und unvoreingenommen zu sein und die Grundlagen zunächst als Rüstzeug zu betrachten, sie dann in der Praxis auszuprobieren und eigene Erfahrungen damit zu sammeln.

Im »Yellow Emperor's Classic of Internal Medicine« (Des Gelben Kaisers Klassiker der Inneren Medizin) ist zu lesen, daß die Chinesen bereits um 2600 v. Chr. ein großes Interesse an den subjektiven Auswirkungen ihrer Umwelt hatten. Es wird dort beschrieben, wie sie das Konzept eines Paars interaktiver Polaritäten entwickelt hatten, das in der ganzen Natur vorherrscht; sie nannten es Yin und Yang. Nichts wurde als absolut Yin oder absolut Yang angesehen, sondern alles hatte im Vergleich zu etwas anderem einfach mehr Yin- oder mehr Yang-Charakter. Ruhen ist im Vergleich zum Arbeiten beispielsweise eher ein Yin-Zustand, jedoch im Vergleich zum Schlafen eher Yang-betont.

Im alten China wurde beobachtet, daß die Menschen morgens, wenn die Sonne aufgeht, von Natur aus viel aktiver und wacher sind, was gemessen am Ruhen eher ein Yang-Charakteristikum ist. Dagegen fühlt man sich im allgemeinen nachmittags stärker zu geistigen Dingen hingezogen, ist körperlich passiver und zuweilen sogar schläfrig – das entspricht mehr dem Yin. Die klassische Definition von Yin und Yang ist die Schatten- beziehungsweise Sonnenseite eines Hügels, wobei die Sonnenseite Yang ist. In Anlehnung daran gilt die Sonnenseite unserer Wohnung als Yang-betonter, während die nördliche, die schattige Seite mehr Yin-Charakter aufweist (sofern wir in der nördlichen Hemisphäre leben).

Ich habe einmal in der Nähe von Primrose Hill, einem Londoner Stadtteil, in einer Wohnung gelebt, deren Gebäudefront nach Norden und die Rückseite nach Süden ausgerichtet war. Alle Schlafzimmer lagen auf der Nordseite. Diese Räume waren dunkel und von fast höhlenartiger Ausstrahlung, so daß meine Familie und ich sie als idealen Platz zum Schlafen auswählten. Man konnte allerdings tagsüber dort überhaupt nicht arbeiten. Die Kinder spielten so gut wie nie in ihren Schlafzimmern, obwohl wir die Räume als freundliche Spielzimmer ausgestattet hatten. Während des Tages drängten wir alle immer nur nach Süden, hin zur Sonnenseite der Wohnung.

Wie man gut nachvollziehen kann, wird bei Sonnenschein die Südseite eines Hauses ständig von der Sonnenenergie bestrahlt. Hält man sich auf dieser Seite des Hauses auf, so wird man von der dort vorherrschenden Chi-Energie profitieren können. Wollen Sie also Ihre Energiereserven auftanken, aktiver und geistig reger sein, sollten Sie einen vom Sonnenlicht verwöhnten Bereich im Haus aufsuchen. Das trifft selbst auf Tage mit wolkenverhangenem Himmel zu. Neben Hitze und Licht strahlt die Sonne Solar- und Chi-Energie ab. Wie am Beispiel vom Mond spüren wir, daß wir hier mit weniger Einsatz mehr bewirken können. Allerdings bin ich im Laufe meiner vielen Feng-Shui-Beratungen zu der Erkenntnis gelangt, daß die Menschen vielfach dem Versuch erliegen, auf der Schattenseite eines Gebäudes zu arbeiten und von daher nicht genügend Energie haben, die anfallenden Aufgaben zu erledigen. Ich erinnere mich an eine Klientin, die sich nachmittags kaum mehr wach halten konnte und vor ihrem Computer regelrecht eindöste. Nachdem ich einen energetischeren Platz für sie gefunden hatte, merkte sie schon bald den Unterschied. Ich hatte andererseits auch Klienten, die von Natur aus sehr lebhaft waren und in einem mit hoher Energie ausgestatteten, sonnigen Teil ihres Hauses arbeiteten, sich aber dennoch nur schwer konzentrieren und auf ein Thema ausrichten konnten. Für sie ist ein weniger aktiver Platz in der Tat produktiver. Jeder Mensch ist anders, und die Kunst besteht darin herauszufinden, was für den einzelnen wirklich das Beste ist.

Ich bin in England aufgewachsen und war immer von den andersartigen Kulturen Südeuropas fasziniert. Die Menschen, denen ich in Ländern wie Italien, dem ehemaligen Jugoslawien, Spanien und Griechenland begegnete, waren alle so lebendig und ausdrucksvoll. Sie sprachen schnell, gestikulierten wild umher und schienen sehr leidenschaftlich zu sein. In den Städten wurde rasant gefahren und häufig die Hupe benutzt. Wollte man in einen Bus einsteigen, war das Gedränge groß, denn alle versuchten, gleichzeitig hineinzukommen. Es handelte sich hier um eher Yang-betonte Verhaltensweisen, die ich nicht gewohnt war. Als ich mich mit Yin und Yang eingehender zu befassen begann, wurden mir die Zusammenhänge zunehmend klarer. Sie lebten auf der »Sonnenseite des Hügels« oder in diesem Fall im sonnigen Teil Europas.

Die Idee der Ausgewogenheit liegt dem Yin- und Yang-Konzept zugrunde. Alles und jedes will in der Balance sein. Um ein besseres Gleichgewicht herzustellen, sind manchmal auch ungesunde Extreme von Yin oder Yang notwendig. Eine lange Periode intensiven Stresses, eine Yang-betonte Phase also, kann beim Menschen beispielsweise durch einen Nervenzusammenbruch, eher Yin-betont, ausgeglichen werden. Allzeit bemühen wir uns, irgendwie im Gleichgewicht zu bleiben. Setzen wir unseren Partygästen oder Kunden im Lokal trockene Salzknabbereien vor – eine eher Yang-betonte Nahrung – werden sie unweigerlich nach mehr Flüssigkeit oder Süßigkeiten verlangen, die vergleichsweise mehr Yin-Anteile aufweisen. Das gleiche trifft auch in umgekehrter Richtung zu. Obst, Salate oder Getränke – eher Yin-betont – in Mengen genossen, regen die Lust nach salzigen, herzhaften Speisen an. Unsere Veranlagung läßt uns immerzu zwischen

Yin und Yang hin- und herpendeln. Manchmal sind wir Yang-betonter, und dann suchen wir nach Mitteln und Wegen, mehr Yin zu werden. Haben wir dies endlich erreicht, wollen wir sogleich wieder die Yang-Seite in uns stärken, und so setzt sich der Reigen immerzu fort.

Dieses Prinzip von Ursache und Wirkung gilt auch für das Wetter. Im Herbst und Winter wird die Luft kälter und feuchter, beides Yin-Eigenschaften. Dadurch entsteht ein Bedürfnis nach warmen Speisen wie heißem Brei, dicken Suppen und Eintopfgerichten, die eher Yang-betont sind und somit für einen Ausgleich im Körper sorgen. Umgekehrt essen die Menschen im Frühjahr und Sommer, wenn sich die Luft erwärmt und trockener wird, lieber Speisen mit Yin-Eigenschaften, die dem Körper Kühlung zuführen wie beispielsweise Früchte, Salate und Getränke. Da alles in einem Zyklus ständiger Wandlung begriffen ist, wechselt Yin stets in Yang über und umgekehrt. Diesen immerwährenden Fluß können wir in der ganzen Natur beobachten. Der Tag (Yang) geht in die Nacht (Yin) über, und nach einer Zeit der Ruhe (Yin), gehen wir zur Arbeit (Yang).

Die Menschen selbst sind auch entweder mehr Yang- oder mehr Yin-geneigt. Wer mehr Yin ist, ist gewöhnlich entspannt, körperlich locker, sensibel, kreativ und phantasievoll. Wenn jedoch das Yin-Prinzip in einem solchen Mensch überbetont ist, kann er lethargisch, träge und depressiv werden. Das Gegenteil trifft auf die Yang-geneigten Menschen zu. Wer mehr Yang ist, ist gewöhnlich wach, schnell, körperlich aktiv, kann sich gut konzentrieren und hat ein Auge fürs Detail. Bei zu starker Yang-Betonung hingegen wird man leicht angespannt, reizbar, ärgerlich oder körperlich steif und unbeweglich. Jeder Mensch ist eine Mischung von Yin und Yang, in den meisten Fällen ist daher die Hauptursache von gesundheitlichen Störungen einem Überwiegen von Yin oder Yang zuzuschreiben.

Dieses Wissen läßt sich höchst sinnvoll nutzen, wenn es uns gelingt, diese natürlichen Prozesse so zu steuern, daß bestimmte Ergebnisse erzielt werden. Beispielsweise können wir mit einem Grundverständnis der Zusammenhänge von Yin und Yang den eigenen Speise- und Fitneßplan sowie den gesamten Lebensstil auf unsere persönlichen, ganz individuellen Bedürfnisse abstimmen. Steht in der kommenden Woche ein besonders anspruchsvoller Termin auf dem Programm, so wäre es angezeigt, bis dahin mehr Yang-betonte Nahrung zu sich zu nehmen und auch mehr Yang-Übungen zu machen; nach dem großen Tag wären dann mehr Yin-betonte Speisen und Übungen von Vorteil, um zu entspannen und abzuschalten.

Was nun ein Haus anbetrifft, so sind Gebäude mit harten und geraden Linien, scharfen Ecken und Kanten eher Yang-betont im Vergleich zu solchen, die abgerundeter, unregelmäßiger und bogenförmig verlaufen.

Wir können unserem Heim mehr Yin-Charakter verleihen, indem wir mit Tapeten, großen Kissen und langen Vorhängen weiche Oberflächen schaffen. Dagegen erzeugen Fliesen, Metalloberflächen und Glas eine mehr Yang-betonte Atmosphäre.

Farben haben einen sehr großen Einfluß. Helle, kräftige und anregende Töne stärken das Yang in uns, wohingegen weiche, entspannende Farben unsere Yin-Anteile vermehren. Jeder reagiert anders auf Farben, jedoch fühlen wir uns bei Rot, Orange und Hellgelb beispielsweise mehr Yang-geneigt. Grün, Blau und alle Pastelltöne verstärken das Yin-Gefühl.

Um die Prinzipien des Feng Shui auszutesten, sehe ich mir ab und zu die erfolgreichsten Restaurants an und vergleiche sie mit jenen Standorten, an denen Speiselokale so gut wie überhaupt nicht florieren. Häufig haben die erfolgreichen Restaurants rein zufällig oder mit Hilfe genauer Planungsvorgaben Feng-Shui-Grundsätze zur Anwendung gebracht. Eine relativ neue Fast-Food-Kette mit Niederlassungen in ganz London verwendet in ihren Räumen glänzende Edelstahlwände zusammen mit einer bräunlichvioletten Farbe. Diese Einrichtung verleiht dem ganzen Ambiente einen starken Yang-Ausdruck. Lila ist die Farbe der Leidenschaft – ein geradezu idealer Blickfang also. Beim Vorbeigehen kommt man bei all den hellen glitzernden Flächen nicht umhin, einen Blick in das Lokal zu werfen. Ist man aber erst einmal hineingegangen und hat sich gesetzt, so kann man es kaum aushalten und möchte das Lokal am liebsten auf schnellstem Wege verlassen. Alles ist viel zu Yang-betont! Das ist natürlich genau das, was man als Besitzer einer Schnellrestaurant-Kette will. Viele Kunden sollen hereinkommen, essen und das Lokal möglichst schnell wieder verlassen. Es ist unverkennbar, daß glänzendes Plastikmaterial, grelle Beleuchtung, Fliesen und Metallflächen ein in sich abgerundetes Leitmotiv bei der Einrichtung von Fast-Food-Restaurants darstellt. Umgekehrt können wir uns sicherlich kaum vorstellen, in einem Raum aus Metallelementen, Fliesen und Glas zu schlafen. Es hat sich erwiesen, daß wir weiche Yin-Ausstattungen im Schlafzimmer bevorzugen.

Am einfachsten läßt sich durch einen Vergleich mit anderen Menschen feststellen, ob jemand zu Yin- oder Yang-geneigt ist. Ich habe eine Freundin, die ihre Mitmenschen durchweg aggressiv und penetrant findet. Für sie sind alle anderen allzu Yang-betont. Sie verschläft oft, verliert sich in Tagträumen und läßt das Essen anbrennen. Ihr Freund ärgert sich darüber. Sie rennt zum Bus, ohne abgezähltes Geld mitzunehmen. Die Leute in der Schlange hinter ihr werden böse, weil sie beim Bezahlen nach Kleingeld sucht. Sie kommt zu spät. Ihr Chef ist verärgert. Am Arbeitsplatz angelangt, möchte sie entspannen, erzählen und sich mit den anderen unterhalten. Ihre Kollegen halten sie dazu an, mit der Arbeit fortzufahren und diese abzuschließen. Und so geht das Spiel weiter. Im Vergleich zu den meisten anderen Menschen ist sie eher Yin-betont. Gleichzeitig muß es in ihr etwas ausgesprochen Yang-Seitiges geben, um das Gleichgewicht aufrechtzuhalten. Vielleicht ist es eine sehr Yang-lastige Erfahrung, oder auf ihrem Speiseplan überwiegt das Yang; möglicherweise arbeitet sie auch in einem stark Yang-betonten Gebäude oder Umfeld.

Als ich vor einigen Jahren als Ingenieur in einer Firma arbeitete, hatte ich einen Kollegen, der alles und jeden für allzu Yin-seitig befand. Ständig beschwerte er sich darüber, daß die Menschen zu langsam seien. Warum konnten sie nicht vorankommen in ihrem Leben. Immerzu war er in Eile, und mit jedem, der ihn bremsen wollte, legte er sich an. Was Details anbelangte, war er wirklich großartig, aber fachübergreifende, ideenreiche Diskussionen über einen bestimmten Punkt der Planung machten ihn schier verrückt. Dann wurde er oft laut. Alles und jedes schien ihm Anlaß zu bieten, um sich aufzuregen. Die Zusammenarbeit mit den eher Yin-betonten Kollegen trieb ihn zur Weißglut. Verglichen mit den anderen aus dem Planungsbüro war das Yang in ihm deutlich stärker. Wie verschaffte er sich seinen Yin-Ausgleich? Unmittelbar nach der Arbeit stürzte er stets um die Ecke ins Pub, um sich vor dem Heimgehen ein paar Gläser Bier zu genehmigen.

Jeder Mensch trägt also mehr Yin- oder mehr Yang-Eigenschaften in sich, und unsere Umwelt vermag diesen Anteil jeweils noch zu verstärken. Sobald wir erkennen und zugeben, daß das Yin oder Yang in uns überwiegt, können wir auch entscheiden, ob wir mehr Yin- oder mehr Yang-Anteile benötigen, um glücklicher und ausgewogener zu sein. Und wenn wir das wissen, können wir unsere Umwelt dergestalt verändern, daß wir darüber selbst mehr Yin oder Yang werden.

Zur Veranschaulichung möchte ich das Beispiel eines Mannes anführen, der von sich weiß, daß er bei der Arbeit oft gereizt und verärgert ist. Er ist sich auch darüber im klaren, daß sein Verhalten seinem beruflichen Aufstieg im Wege steht. Zudem wirkt er auch auf Frauen ausgesprochen aggressiv und einschüchternd. Als erstes gilt es zu analysieren, ob in seinem Verhalten mehr Yin- oder Yang-Entsprechung liegt. Meiner Ansicht nach kann man in diesem Fall ruhig davon ausgehen, daß die Yang-Seite überbetont ist. Eine Verstärkung der Yin-Polarität würde bewirken, daß er ruhiger, stiller und friedvoller in seinem Inneren wird. Wie können wir also sein Zuhause verändern, damit er Yin-betonter wird?

Nehmen wir uns beispielsweise sein Schlafzimmer vor. Hier gibt es Dinge, die ich unbedingt vermeiden würde: harte glänzende Oberflächen wie Spiegel, Möbel mit scharfen Ecken und Kanten, Gegenstände mit hellen anregenden Farben wie zum Beispiel das Bild mit dem feuerroten Rennauto. Zudem Objekte, die aus harten Materialien gefertigt sind, darunter Möbel aus Metall, Verzierungen aus Stahl oder schmiedeeiserne Kunstwerke und die Wandfarben, die zu anregend sind, sowie die metallenen Klappläden vor den Fenstern und die kunterbunte Bettwäsche.

Der nächste Schritt ist die Beratung, wie er diese Yang-betonten Dinge am besten ersetzen kann. Ich würde ihm empfehlen, sein Schlafzimmer folgendermaßen auszustatten: Runde oder bogenförmige Gegenstände und Möbel aufzustellen; dazu Farben in den Raum bringen, die besänftigen und entspannen, eventuell Grüntöne; weiterhin textile Wandteppiche und fließende Vorhänge; die Möbel sollten aus Holz anstelle aus Metall sein; Pflanzen mit langen, runden und biegsamen Blättern statt des Schmiedeeisens und ruhige Farben für sein Bett.

Die Philosophie von Yin und Yang kann auf vielfältige Weise interpretiert werden, und das vorliegende Kapitel schöpft aus dem verdienstvollen Werk des japanischen Schriftstellers George Ohsawa, dem ich an dieser Stelle danken möchte.

3
Die fünf Elemente der Chi-Energie

Um Ihnen Ablauf und Verfahren leichter zugänglich und begreiflich zu machen, führe ich Sie jetzt am Beispiel eines Hausbaus schrittweise durch den Prozeß. Das Fundament stellt das Wissen um die Chi-Energie dar. Der erste Stock ist die Philosophie von Yin und Yang. Jetzt können wir bereits ein neues Stockwerk hinzufügen. Diese neue Wissensebene umfaßt die fünf Elemente, auch fünf Wandlungsphasen der Chi-Energie genannt. Im Kern handelt es sich hierbei um eine weitere Verfeinerung der Yin- und Yang-Theorie. Während Yin und Yang zwei gegensätzliche und dennoch sich ergänzende Merkmale ausdrücken, beschreiben die fünf Elemente fünf verschiedene Arten von Chi-Energie.

Die fünf Elemente basieren auf den Jahreszeiten – nicht auf den vieren, wie wir sie kennen, sondern auf ein in fünf unterschiedliche Jahreszeiten eingeteiltes Jahr. Die zusätzliche Jahreszeit liegt zwischen dem, was wir als Sommer und Herbst ansehen. Sie heißt Frühherbst oder Spätsommer. In diesem Buch verwende ich durchgängig die Bezeichnung Frühherbst. Jedes der fünf Elemente beschreibt eine bestimmte Chi-Energieart. Um den charakteristischen Merkmalen jeder einzelnen Chi-Energie auf die Spur zu kommen, denken wir am besten an die jeweilige Atmosphäre in einer jeden dieser Jahreszeiten. Darüber hinaus korrespondiert jede Jahreszeit mit einem bestimmten Element, das die betreffende Energie noch weiter beschreibt. Im medizinischen Kontext können wir auch Organpaare und unsere Emotionen hinzufügen. Abbildung 7 veranschaulicht jedes der fünf Elemente mit der entsprechenden Himmelsrichtung, der Farbe, Jahreszeit, Tageszeit und dem Energiefluß. Die Ziffern beziehen sich auf die Neun-Ki-Zahlen des magischen Quadrats, das im späteren Teil dieses Buches erläutert wird. Es geht darum, anhand praktischer Erfahrungen ein Gefühl für das Wesen der Chi-Energie in jeder einzelnen Phase zu entwickeln. (Ich habe auch die Organe und Emotionen hinzugefügt, obwohl diese Aspekte der Fünf Elemente hier nicht weiter behandelt werden.)

Stellen Sie sich einmal vor, frühmorgens, wenn die Sonne am Horizont aufgeht, einen Baum anzuschauen. Es ist Frühling (Holz). Das dominierende Gefühl ist das der aufsteigenden Energie. Stellen Sie dem einen herrlichen Sonnenuntergang (Metall) gegenüber, den Sie in der Abenddämmerung eines Herbsttages beobachten. Vor Ihren Augen spiegelt sich nun die sinkende Sonne in Eisenbahnschienen aus Metall. Das Gefühl der nach innen strömenden und sich festigenden Chi-Energie überwältigt Sie dabei.

Auf gleiche Weise können Sie sich einen strahlend heißen Sommertag (Feuer) vergegenwärtigen. Es ist Mittag. Die ganze Natur steht in voller Blüte. Jetzt empfinden Sie die Chi-Energie, als ob sie sich in alle Richtungen ausdehnen und Hitze verbreiten wolle – gleichsam einem Feuer. Als nächstes der Sprung ins Gegenteil (Wasser): eine frostige, neblige Nacht mitten im Winter. Es ist sehr kalt und feucht draußen, allenthalben herrscht Ruhe und Stille.

Schließlich malen Sie sich aus, wie Sie an einem Nachmittag im Frühherbst durch die Felder streifen. Dabei stellen Sie sich die Erde, den Boden unter Ihren Füßen vor – schwer, fest und substanzhaft. Dies sind einige der Eigenschaften, die dem Erd-Chi zuzuordnen sind.

Süden
9
Feuer
Sommer
Mittag
Herz und Dünndarm
Freude und Hysterie

Südwest
2, 5 und 8
Erde
Gelb, Braun
Frühherbst
Nachmittag
Milz und Magen
Zuneigung und Eifersucht

Generativer Zyklus

Osten
3 und 4
Holz*
Grün
Frühling
Morgen
Leber und Gallenblase
Begeisterung und Zorn

Destruktiver Zyklus

Westen
6 und 7
Metall
Weiß, Gold und Silber
Herbst
Spätabend
Lunge und Dickdarm
Positivität und Depression

Bewegung der Chi-Energie

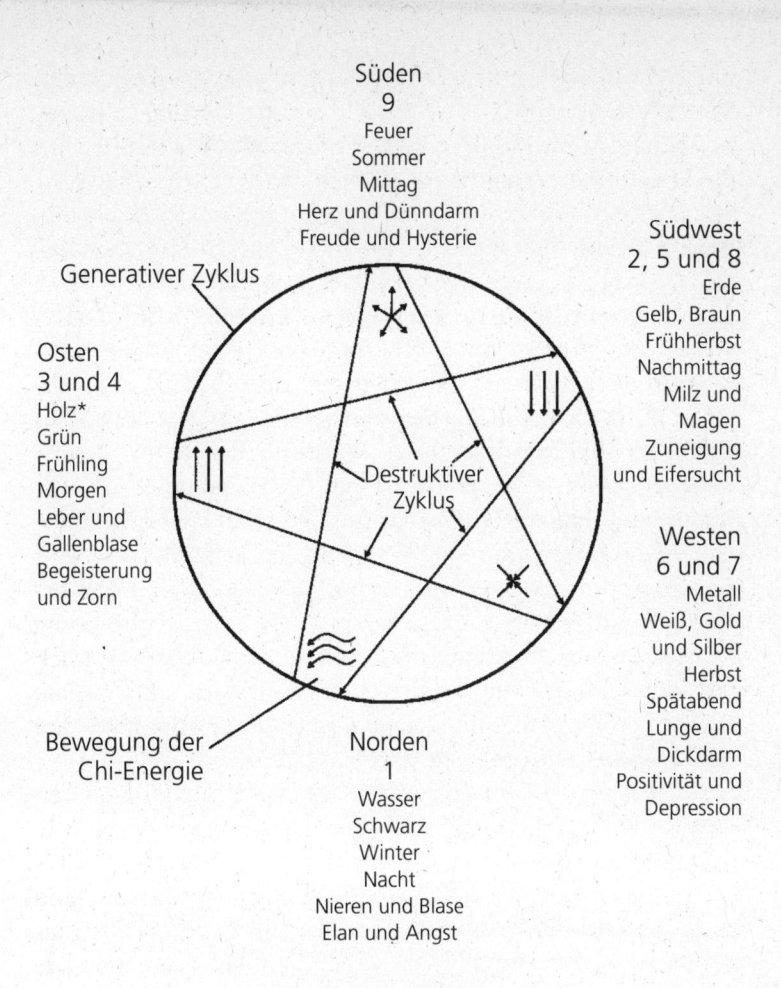

Norden
1
Wasser
Schwarz
Winter
Nacht
Nieren und Blase
Elan und Angst

Abb. 7 Die Fünf Elemente

---

* Das chinesische Wort für »Holz« besitzt ein sehr breites Bedeutungsspektrum. Der vom britischen Autor verwendete Terminus »tree« (Baum) wird in der deutschen Übersetzung fortan mit »Holz« geführt, da dieser Begriff in der deutschsprachigen Literatur allgemein verbreitet ist (Anmerkung der Übersetzerin der deutschen Ausgabe).

Jeden Tag wandert die Sonne am Firmament und lädt das Haus mit Solarenergie auf. So wie sie verschiedene Phasen durchläuft, so wandelt sich auch die Qualität dieser Chi-Energie im Laufe des Tages. Morgens saugt der nach Osten gerichtete Teil des Hauses – dort wo die Sonne aufgeht – die aufsteigende Chi-Energie, die wir dem Holz zugeschrieben haben, auf.

Mit fortschreitendem Tag bewegt sich die Sonne nach Süden hin und lädt den südlichen Teil des Hauses mit der dem Feuer zugeordneten Chi-Energie auf. Später senkt sich die Sonne langsam und bringt das gefestigtere Erd-Chi in den südwestlichen Teil unseres Hauses. Wenn die Sonne im Westen untergeht, nimmt der westliche Teil des Hauses die mit dem Metall verbundene Chi-Energie auf. Schließlich profitiert der Norden des Hauses während der Nacht von dem mit dem Wasser korrespondierenden Chi. Das Erd-Chi ist mit dem Zentrum des Hauses assoziiert.

Jedes der fünf Elemente hat eine Farbe, die das Wesen der jeweiligen Chi-Energie am besten repräsentiert.

Grün ist die Farbe, die das im Osten befindliche Holz-Chi symbolisiert. Damit verbindet sich Leben, Wachstum und Vitalität. Grüntöne sind von Natur aus dazu angetan, unsere Stimmung zu heben, erfrischend auf uns zu wirken und uns aufzumuntern.

Rot ist die Farbe, die das Feuer-Chi des Südens repräsentiert. Die Mittagssonne, der Sommer und die Hitze können sich alle in dieser Farbe wiederfinden. Rot ist besonders dazu angetan, Gefühle von Leidenschaft, Erregung und Wärme aufkommen zu lassen.

Gelb und Braun sind Farben, die der Erd-Chi-Energie im Südwesten und im Zentrum am nächsten stehen. Im Herbst färben sich auf der nördlichen Hemisphäre die Blätter braun. Sowohl Gelb- als auch Brauntöne können eine eher gediegene und gemütliche Atmosphäre schaffen. Diese Farben sollten Verwendung finden, wenn man Gefühle der Sicherheit vermitteln will.

Weiß, Gold und Silber verkörpern die Chi-Energie des Metallelements. Diese Farbtöne des Westens wählt man, wenn man eine solide und prachtvolle Atmosphäre schaffen will.

Schwarz ist die Farbe, die dem mit dem Norden assoziierten Wasser-Chi am nächsten steht. Die Verwendung von Schwarz bringt Gefühle der Tiefe, Macht und Stärke sowie Flexibilität zum Ausdruck und bekräftigt diese.

Im weiteren Verlauf dieses Buches werde ich erläutern, wie wir auf neun verschiedene Arten oder Wesenszüge der Chi-Energie im Feng Shui zurückgreifen können. Bei diesem Konzept ist die Zuordnung der Farben anders.

Denken Sie einmal an Ihr Zuhause und überlegen Sie, wie jeder einzelne Raum von der Bewegung der Sonne berührt und beeinflußt wird. Damit ist bereits der Entscheidungsprozeß eingeläutet, welche Bereiche Ihres Heims für welche Aktivitäten am geeignetsten erscheinen.

Auch Sie werden den Osten aller Wahrscheinlichkeit nach ideal für alle Aktivitäten finden, die viel aufwärtsstrebende Energie benötigen, Sie könnten hier am besten Ihren Tagesplan erstellen, Ihre Morgengymnastik machen oder neue Projekte in Angriff nehmen.

Der Süden mit seiner Feuer-Energie ist extrovertiert und besser für Partys, gesellschaftliche Ereignisse und Vergnügungen geeignet.

Die gefestigtere Energie des Südwestens und des Zentrums macht die dort liegenden Räume ideal für Arbeiten wie Hobbys, Heimwerken oder Handarbeiten.

Im Westen Ihres Hauses finden Sie die großen roten Sonnenuntergänge. Dadurch wird dieser Bereich zu einem romantischen Ort der Entspannung und des Tagesausklangs.

Der den Winter und die Nacht symbolisierende Norden macht ihn zum idealen Platz für das Schlafen.

Vergessen wir dabei aber nicht, daß jedes Haus anders ist und meine Empfehlungen nur grobe Verallgemeinerungen sind. Im nachfolgenden Teil werden wir jede Richtung im einzelnen untersuchen.

Unsere wichtigste Aufgabe besteht nun darin, den Charakter einer jeden Phase des Jahreszyklus' und deren Beziehung untereinander zu begreifen.

Anhand der landwirtschaftlichen Jahreszeiten werde ich beschreiben, wie sich die einzelnen Elemente untereinander verhalten. In unserem Gleichnis beginnen wir damit, ein Samenkorn im Winter in die Erde zu stecken und zu beobachten, wie es sich im Laufe der fünf Jahreszeiten entwickelt, bis sich die Pflanze im Spätherbst selbst versämt.

Im Winter bereiten wir die Erde vor und säen das Saatgut aus. Ist das nächste Stadium, das Frühjahr, vorteilhaft, werden unsere Samen sprießen und wachsen. Treten jedoch späte Frostperioden im Frühling auf, wird die Frucht zerstört sein und der Sommer nichts mehr hervorbringen. Im Grunde unterstützt das Wasser-Element das Holz-Element; mangelt es jedoch an Holz-Energie und springt die Wasser-Energie zum Feuer über, nimmt der Prozeß eine destruktive Form an. In gleicher Weise könnte man daran denken, daß Wasser einen Baum – das Element Holz also – nährt, ein Feuer hingegen löschen kann.

Sind Winter und Frühjahr gut, werden die Felder im Sommer reiche Frucht tragen. Haben wir hingegen einen schlechten Sommer mit viel zu wenig Sonnenschein und heftigen Regenfällen, fängt die Frucht im Frühherbst im Boden an zu faulen. Das Holz-Chi unterstützt hier das Feuer-Chi, wie wenn wir beispielsweise Holz aufs Feuer legen; hingegen kann bei einem Mangel an Feuer-Chi das Erd-Chi vom Holz-Chi zerstört werden.

Sind Winter, Frühjahr und Sommer für den Fruchtstand gut gewesen, wird die Frucht im Frühherbst reifen und gedeihen. Gibt es bereits in den frühen Herbsttagen Frost oder schwere Regenfälle, verderben die Feldfrüchte, bevor sie Samen hervorbringen oder im Spätherbst geerntet werden können. Hier unterstützt das Feuer-Chi das frühe Erd-Chi, doch ein schwaches Erd-Chi ermöglicht dem Feuer-Chi, die Metall-Chi-Energie zu bezwingen.

Wenn alle Bedingungen im Winter, Frühjahr, Sommer und Frühherbst optimal waren, steht eine großartige Ernte im Spätherbst an, und es wird reichlich Samen zur nächsten Aussaat im Winter geben. Ist diese Phase unvollständig, kann der Zyklus nicht neu beginnen. Hier unterstützt nämlich das Erd-Chi das Metall-Chi; wenn allerdings die Metall-Chi-Energie schwach ist, wird das Erd-Chi das Wasser-Chi vernichten.

Ist der Winter schließlich mangelhaft, sind die Bedingungen zur Ausbringung des Saatgutes ungünstig. Das Metall-Chi setzt sich über die schwache Wasser-Chi-Energie hinweg und zerstört das Holz-Chi.

In Abbildung 7 versinnbildlicht der Außenkreis das, was häufig als unterstützender oder generativer Zyklus bezeichnet wird, während die Linien innerhalb des Kreises den zerstörerischen oder destruktiven Zyklus darstellen. Die destruktive Sequenz ist nicht unbedingt etwas Schlechtes, und in manchen Situationen kann er dem Feng Shui sogar nützlich sein.

Im Feng Shui ist es durchaus üblich, die fünf Elemente auch in der Praxis – also echtes Wasser, Feuer oder Metall – einzusetzen, um Veränderungen im Chi-Fluß zu bewirken. Wasser im Osten des Hauses zu haben wird beispielsweise als günstig angesehen. Damit liegt nämlich das Wasser in einer Richtung, welche mit dem Holz-Element korrespondiert. Wasser-Chi unterstützt beziehungsweise generiert das Holz-Chi. Darum wird Wasser im Osten die Strömung der ebenfalls im Osten schwingenden aufwärtsstrebenden Energie zusätzlich verstärken.

Der generative Zyklus kann auch zur Besänftigung und Drosselung der Chi-Energie eingesetzt werden. Nehmen wir an, wir hätten zuviel Chi-Energie im Südwesten. Der Südwesten korrespondiert mit dem Erd-Chi. Stellen wir dort etwas Metallenes auf, erzielen wir so den Effekt, daß ein Teil der Erd-Chi-Energie absorbiert wird, da das Erd-Chi das Metall-Chi unterstützt. Es könnte sich dabei um ein Glockenspiel aus Metall, eine große Standuhr oder eine metallene Verzierung handeln. Die Anordnung eines offenen Kamins im südlichen Bereich einer Wohnung, der dem Feuer-Element zugeordnet ist, kann das Feuer-Chi zu stark werden lassen. Komplementäre Elemente wären Holz und Erde.

Der dem Holz-Chi zuzuordnende östliche Bereich einer Wohnung empfiehlt sich als idealer Ort für die Küche, weil Wasser und Feuer, mit denen dort üblicherweise hantiert wird, mit dem Holz-Chi harmonieren.

In der gleichen Weise können Farben eingesetzt werden. Die Farbe der Feuer-Chi-Energie ist Rot. Wollen wir das Feuer-Chi im Süden stärken, so bietet sich das mit dem Holz-Chi korrespondierende Grün als eine unterstützende Farbe an. Um Feuer-Chi zu dämpfen, dürfte eine Erd-Chi-Farbe, also Gelb oder Braun, ein Teil der Feuer-Chi-Energie abmildern. Eine Wasser-Chi-Farbe wie Schwarz hat die Tendenz, das Feuer-Chi zu zerstören, wenn die grüne Farbe fehlt.

Die fünf Elemente beschreiben also fünf verschiedene Chi-Energiearten. Am leichtesten sind die Charakteristika jeder einzelnen dieser fünf Chi-Arten zu verstehen, wenn man an die Atmosphäre der Jahreszeit denkt, zu der die jeweilige Chi-Art gehört. Darüber hinaus hat jede der fünf Chi-Energiearten ein Element, das auch ihr Wesen beschreibt.

Jede der fünf Chi-Arten steht in einer besonderen Beziehung zu den anderen vier. Schauen wir uns hierzu Abbildung 7 an und beginnen beim Element Feuer. Wenn wir den Pfeilen im Uhrzeigersinn folgen, unterstützt dieses Chi natürlich den nachfolgenden Chi-Typ (Erde) beziehungsweise bringt ihn hervor. Ist die nächste Chi-Energie (Erde) schwach, wird die sich daran anschließende Energie (Metall) bezwungen und von der Chi-Energie des Anfangs (Feuer) zerstört.

Gleichzeitig wird das Element, was wir zu Beginn wählten (Feuer), von dem vorhergehenden Chi (Holz) unterstützt. Ist jedoch das Holz-Chi schwach, wird das Chi davor (Wasser) die Chi-Energie des Anfangs (Feuer) vernichten.

4
Das magische Quadrat

Wie in der Einleitung bereits erwähnt, hat Fu Hsi das magische Quadrat etwa 4000 v. Chr. aus der Taufe gehoben, als eine Schildkröte aus dem Fluß Lo auftauchte. Das Punkte-Muster auf ihrem Panzer inspirierte Fu Hsi zur Entdeckung jenes Schemas von Zahlen, das die Grundlage der Neun-Ki-Astrologie sowie zahlreicher anderer Feng-Shui-Methoden bildet.

Kommen wir zu unserem Gleichnis vom Bau eines Hauses zurück. Wir fügen jetzt ein weiteres Stockwerk hinzu. Auf dieser dritten Ebene untersuchen wir die neun verschiedenen Bewegungsweisen der Chi-Energie. Zu Anfang haben wir die Chi-Energie in ihrer Gesamtheit betrachtet, dann zwei Arten von Chi-Energie, nämlich Yin und Yang, kennengelernt, danach fünf Arten von Chi-Energie, die sogenannten fünf Elemente, und jetzt fügen wir neun weitere Chi-Energiearten hinzu.

Abbildung 8 veranschaulicht alle neun Varianten der Neun-Ki-Tafel. Bei der sogenannten Standard-Tafel im Zentrum ergibt die Addition jeder horizontalen, vertikalen und diagonalen Reihe jeweils fünfzehn. Diese Standard-Tafel führt immer die Zahl 5 in der Mitte.

Um diese Standard-Tafel herum habe ich acht unterschiedliche Tafeln mit den Zahlen 1, 2, 3, 4, 6, 7, 8 und 9 in der Mitte angeordnet. Die Tafeln werden jeweils nach der Zahl in der Mitte benannt. Die Standard-Tafel heißt folglich die Fünfer-Tafel, die Tafel mit der Zahl 9 in der Mitte heißt fortan die

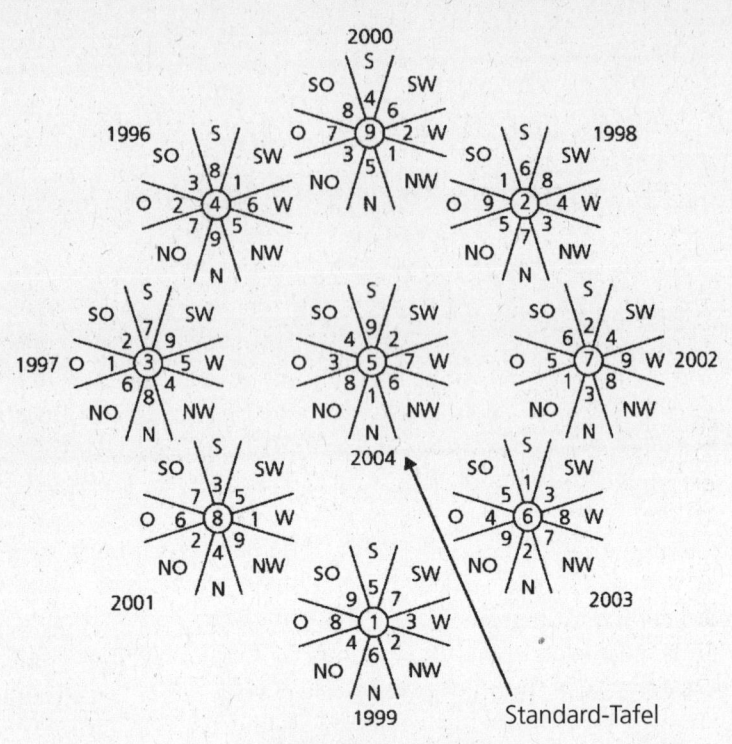

*Abb. 8 Neun-Ki-Tafeln
mit Beispielen für die Jahre bis 2004*

Neuner-Tafel und so weiter. Jedes Jahr, jeder Monat und jede Stunde wird von einer dieser Tafeln repräsentiert. Bei dieser Einführung in die Feng-Shui-Lehre konzentriere ich mich ausschließlich auf das Jahr.

Jedes Jahr hat seine eigene Neun-Ki-Zahl; sie nimmt die zentrale Position auf der Tafel für das betreffende Jahr ein. Die Jahreszahl vermindert sich um eins, wenn ein neues Neun-Ki-Jahr beginnt. Die Zahl in der Mitte der 1996er Tafel ist die 4. Wir können also sagen: 1996 ist ein Jahr der Vier, 1997 ist ein Jahr der Drei, 1998 ein Jahr der Zwei und so weiter.

56

Neun-Ki-Jahres-zahlen	9	8	7	6	5	4	3	2	1
Jahr Datum Uhrzeit	1901 4 Feb 19:03	1902 5 Feb 00:57	1903 5 Feb 06:55	1904 5 Feb 12:40	1905 4 Feb 18:36	1906 5 Feb 00:28	1907 5 Feb 06:13	1908 5 Feb 12:09	1909 4 Feb 17:53
	1910 4 Feb 23:41	1911 5 Feb 05:33	1912 5 Feb 11:11	1913 4 Feb 17:01	1914 4 Feb 22:53	1915 5 Feb 04:34	1916 5 Feb 10:31	1917 4 Feb 16:18	1918 4 Feb 22:06
	1919 5 Feb 04:00	1920 5 Feb 09:43	1921 4 Feb 15:34	1922 4 Feb 21:28	1923 5 Feb 03:13	1924 5 Feb 09:06	1925 4 Feb 14:58	1926 4 Feb 20:49	1927 5 Feb 02:46
	1928 5 Feb 08:31	1929 4 Feb 14:19	1930 4 Feb 20:11	1931 5 Feb 01:53	1932 5 Feb 07:42	1933 4 Feb 13:28	1934 4 Feb 19:13	1935 5 Feb 01:03	1936 5 Feb 06:47
	1937 4 Feb 12:36	1938 4 Feb 18:32	1939 5 Feb 00:20	1940 5 Feb 06:15	1941 4 Feb 12:07	1942 4 Feb 17:57	1943 4 Feb 23:51	1944 5 Feb 05:39	1945 4 Feb 11:26
	1946 4 Feb 17:18	1947 4 Feb 23:03	1948 5 Feb 04:50	1949 4 Feb 10:40	1950 4 Feb 16:29	1951 4 Feb 22:29	1952 5 Feb 04:07	1953 4 Feb 09:52	1954 4 Feb 15:42
	1955 4 Feb 21:29	1956 5 Feb 03:15	1957 4 Feb 09:07	1958 4 Feb 14:57	1959 4 Feb 20:47	1960 5 Feb 02:38	1961 4 Feb 08:29	1962 4 Feb 14:24	1963 4 Feb 20:17
	1964 5 Feb 02:28	1965 4 Feb 07:57	1966 4 Feb 13:46	1967 4 Feb 19:32	1968 5 Feb 01:19	1969 4 Feb 07:04	1970 4 Feb 12:50	1971 4 Feb 18:37	1972 5 Feb 00:23
	1973 4 Feb 06:13	1974 4 Feb 12:08	1975 4 Feb 17:56	1976 4 Feb 23:48	1977 4 Feb 05:38	1978 4 Feb 11:28	1979 4 Feb 17:21	1980 4 Feb 23:10	1981 4 Feb 04:59
	1982 4 Feb 10:53	1983 4 Feb 16:38	1984 4 Feb 22:27	1985 4 Feb 04:18	1986 4 Feb 10:05	1987 4 Feb 15:57	1988 4 Feb 21:42	1989 4 Feb 05:28	1990 4 Feb 09:20
	1991 4 Feb 15:04	1992 4 Feb 20:51	1993 4 Feb 02:42	1994 4 Feb 08:27	1995 4 Feb 14:18	1996 4 Feb 20:10	1997 4 Feb 02:00	1998 4 Feb 08:01	1999 4 Feb 13:51
	2000 4 Feb 19:39	2001 4 Feb 01:35	2002 4 Feb 07:20	2003 4 Feb 13:08	2004 4 Feb 18:57	2005 4 Feb 00:38	2006 4 Feb 06:31	2007 4 Feb 12:16	2008 4 Feb 17:59
	2009 3 Feb 23:55	2010 4 Feb 05:40	2011 4 Feb 11:31	2012 4 Feb 17:28	2013<(br>3 Feb 23:05	2014 4 Feb 05:05	2015 4 Feb 10:55	2016 4 Feb 16:40	2017 3 Feb 22:37

Geburtsjahr mit Datum und Uhrzeit des Jahresbeginns. Der Zeitpunkt des Jahreswechsels ist jeweils in Greenwich-Zeit (GMT i. e. Greenwich Mean Time) ausgedrückt.

Abb. 9 Die Neun-Ki-Jahreszahlen mit Anfangsdatum und Anfangszeit für die Jahre 1901 bis 2017

Auf dieser Grundlage kann jeder errechnen, welche Zahl in seinem Geburtsjahr in der Mitte der Tafel stand. Dies ist die persönliche Neun-Ki-Jahreszahl.

Abbildung 9 enthält die Neun-Ki-Jahreszahl für jedes Jahr dieses Jahrhunderts. Wichtig ist die Feststellung, daß das Neun-Ki-Jahr nicht am 1. Januar beginnt wie in den westlichen Kalendern, sondern üblicherweise jeweils am 3., 4. oder 5. Februar. Ich habe das exakte Datum mit der Uhrzeit eines jeden Jahresbeginns in der Tabelle angeführt. Wer also im Januar oder in den ersten Tagen des Monats Februar geboren ist, muß seine Neun-Ki-Jahreszahl dem Vorjahr entnehmen. Wenn Sie beispielsweise am 1. Februar 1962 geboren sind, gilt für Sie in Wirklichkeit die Zahl beziehungsweise Tafel für 1961. Das gleiche trifft für Ortswechsel zu. Möchten wir einen Wohnungswechsel am 1. Februar 1997 vornehmen, gilt effektiv die Tafel für 1996. Wir werden uns mit dem Thema des Ortswechsels in Kapitel 9 noch ausführlicher befassen.

Die angegebenen Zeiten beziehen sich auf die Mittlere Greenwich-Zeit. Wer kurz vor oder nach dem Zeitpunkt des Jahreswechsels geboren ist, muß die Zeit entsprechend der jeweiligen Ortszeit umrechnen. Beispiel: Das Jahr wechselte am 4. Februar 1957 um 9.07 Uhr. Bei einer Umrechnung auf New Yorker Zeit zieht man fünf Stunden ab. In New York wechselt das Jahr mithin am 4. Februar um 4.07 Uhr.

Dahinter verbirgt sich der Gedanke, daß im Geburtsjahr eines jeden Menschen Erde, Sonne, Mond und die umlaufenden Gestirne ihren kombinierten Einfluß dergestalt ausgeübt haben, daß die Chi-Energie jedes einzelnen eine nachhaltige Prägung erhalten hat. Ebenso wie ein jeder von uns einen unverwechselbaren und einzigartigen Daumenabdruck hat, so fließt auch unsere Chi-Energie in einem ganz spezifischen Muster.

Verstehen wir erst, wie sich unsere eigene Chi-Energie bewegt, dann können wir auch vorhersagen, wie sie sich mit der beherrschenden Chi-Energie eines jeden Jahres verbindet. Beispiel: Jemand ist am 3. Februar 1962 nach 14.24 Uhr (GMT) geboren; also wurde er in einem Jahr geboren, als die 2 in der Mitte der Tafel stand. Die entsprechende Neun-Ki-Jahreszahl ist mithin 2. Bei einer Geburt nach 20.10 Uhr (GMT) am 3. Februar 1996 lautet die Jahreszahl in der Mitte 4. Untersucht man, wie sich das Zusammenspiel zwischen der Chi-Energie der Neun-Ki-Jahreszahl 2 und der eines Neun-Ki-Jahres mit der 4 in der Mitte gestaltet, so kann man voraussagen, wie dieses Jahr für den besagten Menschen verlaufen wird. Weitaus wichtiger noch: es lassen sich daraus wesentliche Informationen darüber ableiten, wie man das Beste aus dem betreffenden Jahr machen kann.

Um im vorliegenden Beispiel zu bleiben: Jemand mit der Neun-Ki-Jahreszahl 2 lebt 1996 im Osten. Für ihn wäre 1996 ein hervorragendes Jahr für einen geschäftlichen Neubeginn, den beruflichen Aufstieg oder eine Beförderung. Für jemanden mit der Neun-Ki-Jahreszahl 2 dürfte 1996 wohl ein geschäftiges und sehr aktives Jahr sein. Weiterführende Erläuterungen dazu werden in Kapitel 9 gegeben.

Darüber hinaus gibt es in jedem Jahr einen Zeitpunkt, zu dem sich die eigene Chi-Energie eines Menschen am besten mit der Chi-Energie, die in einer oder mehreren der acht Richtungen anzutreffen ist, verbindet. Wenn wir also den Umzug in ein neues Haus oder Büro in eine bestimmte Richtung und zu einem ganz spezifischen Zeitpunkt planen und durchführen, können wir damit unsere eigene Chi-Energie tatsächlich aufladen und stärken. Ziehen wir hingegen in ein Chi-Energiefeld, das unser eigenes Chi nicht unterstützt und aufbaut, so laufen wir damit leider auch Gefahr, daß unser eigener Chi-Fluß beeinträchtigt wird. Meiner Erfahrung nach sehen viele Menschen durch einen Wohnungswechsel oft tiefgreifende Veränderungen in ihrem Leben auf sich zukommen. Durch sorgfältige Auswertung der persönlichen Neun-Ki-Zahl eines Menschen und der Tafel des Jahres, in dem ein Umzug geplant ist, können Aussagen über die Art der zu erwartenden Veränderungen gemacht werden.

Zum einen gilt es, daran zu denken, daß sich die Zahl in der Mitte mit jedem Jahr jeweils um 1 vermindert und daß sich die acht Zahlen ringsum jedes Jahr zu einem neuen Schema formieren. Zum anderen muß man die persönliche Neun-Ki-Jahreszahl ermitteln können – jene Zahl also, die im Geburtsjahr des Betreffenden in der Mitte der Tafel stand.

Um die Neun-Ki-Jahreszahl für eine Frau zu errechnen, gibt es eine Alternative, nach der anders als bei dem zuvor beschriebenen Verfahren bei jedem Jahr nicht 1 abgezogen, sondern hinzugezählt wird. Die Zahlen sind für Männer und Frauen gleich, wenn ihre Neun-Ki-Jahreszahl 3 lautet. Ich möchte jedoch bei dem System bleiben, mit dem ich die meiste Erfahrung habe, und so fahre ich mit der Methode fort, bei der für Männer und Frauen jeweils die gleiche Neun-Ki-Jahreszahl benutzt wird.

5
Die acht Richtungen

In diesem Kapitel möchte ich die neun Zahlen im einzelnen untersuchen und für jede das Charakterbild herausarbeiten, das ihrer jeweiligen Art von Chi-Bewegung entspricht. Die Zahlen selbst haben in dem Zusammenhang keine Bedeutung. Sie sind lediglich Namensträger der neun unterschiedlichen Chi-Energiearten.

Kommen wir zu unserem Beispiel vom Hausbau zurück. Es mag verwirrend und manchmal sogar etwas frustrierend sein, daß die einzelnen Stockwerke oder Verständnisebenen nicht unbedingt zusammenpassen. Mir als Feng-Shui-Berater gibt das jedoch im Einzelfall einen viel größeren Spielraum zur Lösungsfindung. Die Anwendung der Yin- und Yang-Prinzipien auf das Zuhause eines Menschen führt zu ganz bestimmten Empfehlungen, während uns die fünf Wandlungen der Chi-Energie Einsichten gewinnen lassen, die alternative Vorschläge ermöglichen. Die Analyse eines Hauses im Lichte der acht Richtungen wiederum kann uns Ergebnisse bescheren, die andere Schlußfolgerungen zulassen. In der Kombination aller Methoden liegt das Geheimnis des Erfolges.

In Kapitel 2 habe ich bereits geschildert, wie sehr man beim Einsatz einfacher Rechenformen in der Praxis achtgeben muß. Das gleiche gilt auch für die Anwendung des Feng Shui. Mit dem vorliegenden Ansatz werden verschiedene Ebenen beziehungsweise Methoden vorgestellt, die in ganz unterschiedlichen Situationen angewendet werden. Ein erfahrener Feng-

Shui-Berater weiß allerdings aus seiner praktischen Erfahrung, wann eine bestimmte Technik mehr Erfolg verspricht als andere Vorgehensweisen.

Einer jeden Richtung ist ein Trigramm zugeordnet. Das Trigramm besteht im Grunde aus drei Linien (siehe Abbildung 10). Diese Linien können entweder durchgezogen oder gebrochen sein. Die durchgezogenen Linien sind eher Yang, die gebrochenen hingegen haben mehr Yin-Kraft. Diese acht Trigramme entstammen dem wohl ältesten chinesischen Buch, dem I Ging. Darin werden die Trigramme paarweise zu sogenannten Hexagrammen mit jeweils sechs durchgehenden und sechs gebrochenen Linien angeordnet. Es gibt insgesamt 64 Linienkombinationen beim Hexagramm und acht Permutationen der durchgehenden und gebrochenen Linien bei den Trigrammen. Die Neun-Ki-Zahl 5 hat kein Trigramm und keine Richtung, denn sie ist in der Mitte plaziert. Aus diesem Grunde wird die Zahl 5 als die mit der größten Wirkkraft angesehen. Jedes Trigramm:

✧ hat eine Himmelsrichtung, die die in dieser Richtung gehende Chi-Energie beschreibt. Die Trigramme werden den acht Richtungen gewöhnlich in zwei verschiedenen Weisen zugeordnet; in diesem Buch benutze ich die sogenannte »Spätere Himmelssequenz«.
✧ ist mit einem der fünf Elemente assoziiert. Wenn mehr als ein Trigramm mit einem der fünf Elemente korrespondiert, haben die Trigramme zusätzlich ein eigenes Symbol.
✧ hat eine Neun-Ki-Zahl und eine Farbe, die das Wesen der Chi-Energie widerspiegelt, sowie eine Tageszeit, zu der das Chi in jenem Teil des Hauses am stärksten ist.
✧ stellt ein Familienmitglied dar, das die Chi-Energie weiter verdeutlicht.

Trigramm	Richtung	Symbol	Fünf Elemente	Neun-Ki-Zahl	Familienmitglied
	Norden	Wasser	Wasser	1	Mittlerer Sohn
	Nordosten	Berg	Erde	8	Jüngster Sohn
	Osten	Donner	Holz	3	Ältester Sohn
	Südosten	Wind	Holz	4	Älteste Tochter
	Süden	Feuer	Feuer	9	Mittlere Tochter
	Südwesten	Erde	Erde	2	Mutter
	Westen	See	Metall	7	Jüngste Tochter
	Nordwesten	Himmel	Metall	6	Vater

Abb. 10 Trigramme. Spätere Himmelssequenz

Der familiäre Bezug entspricht der traditionellen fernöstlichen Familienstruktur, die heute im Vergleich zur modernen westlichen Gesellschaft vielleicht altmodisch anmuten mag. Die Herstellung dieser Verbindung soll uns dennoch helfen, das Wesen des jeweiligen Trigramms besser zu verstehen.

Um ein vollständiges Bild entstehen zu lassen, werde ich dem Wesen jeder Zahl weitere Attribute hinzufügen. Setzt man die einzelnen Zahlen in Analogie zum Lebenszyklus, so ist dies eine zusätzliche Beschreibungsmöglichkeit jeder Zahl, was ich im folgenden am Beispiel eines Menschen und einer Pflanze veranschaulichen möchte. Durch die analoge Betrachtung der verschiedenen Lebensphasen werden wir zu einem besseren Verständnis gelangen, wie sich die Chi-Energie in einem Gebäude bewegt.

Rufen Sie sich gleichzeitig auch Ihre eigene Neun-Ki-Jahreszahl ins Gedächtnis zurück und überlegen Sie einmal, ob und inwieweit die Beschreibung dieser Zahl Ihrem Charakter entspricht. Ein richtiges astrologisches Neun-Ki-Horoskop enthält weit mehr Informationen als die Neun-Ki-Jahreszahl. Monat und Tag spielen ebenfalls eine wichtige Rolle in der Definition der bei der Geburt vorherrschenden Energie. Vielleicht erkennen Sie sich in der Beschreibung der Ihr Geburtsjahr charakterisierenden Chi-Energie ja teilweise selbst wieder?

Zusätzlich habe ich die Auswirkungen einer Anordnung der Eingangstür in jeder der acht Richtungen – jeweils vom Gebäudezentrum aus gesehen – dargestellt. Die Auffahrt zum Grundstück und die Haustür sind ganz wichtige Kriterien für die Energieströmung in einem Gebäude. Diese Einflüsse werden im späteren Teil des Buches eingehend behandelt.

Ich habe auch eine Aussage zur jeweiligen Farbe gemacht, die dem Trigramm und der Position der Mitte zugeordnet ist. Alle diese Farben unterscheiden sich von jenen, die mit den fünf Elementen korrespondieren, mit Ausnahme der des Ostens und der Mitte mit der Zahl 5, der Erde.

Jede Richtung kann nunmehr wie folgt weiter beschrieben werden.

EINS NORDEN

Fünf Elemente	Wasser
Symbol	Wasser
Familienmitglied	Mittlerer Sohn
Farbe	Gebrochenes Weiß
Zeit	Nacht

Im nördlichen Bereich eines Wohnhauses schwingt eine Energie der Intimität, die mit Sex, Spiritualität und Abgeschiedenheit korrespondiert. Oberflächlich betrachtet mag diese Energie zwar passiv erscheinen, im tieferen Kern birgt sie jedoch eine große Kraft in sich. Das Bild vom mittleren Sohn ist das der liebevollen Zuneigung und gleichzeitigen Unabhängigkeit von der Familie. Diese Energie ist von einem großen, freien Geist geprägt. Sie kann die Bewohner eines Hauses zu tiefen inneren Veränderungen führen.

Im Lebenszyklus stellt der Norden die Empfängnis dar. Dies ist die Phase der inneren Entwicklung und Entfaltung eines Menschen. Beim Saatgut ist es der Augenblick, wo der Keimling die Frucht des Weizenkorns im Inneren der Spelze verzehrt. Es ist auch ein inwendiger Prozeß, bei dem die Energie im Inneren festgehalten wird. Beim Menschen repräsentiert diese Energie tief verinnerlichte Abläufe und Gedanken. Bis jetzt hängt der Samen noch nicht von seiner äußeren Umwelt ab, ist also völlig unabhängig. An der Oberfläche erscheint alles sehr ruhig und still. Tief im Innern finden jedoch mächtige Veränderungen statt.

Wenn bei einem Gebäude der Eingangsbereich in einer solchen eher dunklen und kalten Örtlichkeit angeordnet ist, können sich daraus Gefühle der Isolation entwickeln. Es heißt, daß eine Tür im Norden geradezu ideal sei, um sich zu verstecken. Ich würde jemandem, der ein aktives Leben führen möchte, niemals zur Anordnung einer Tür in dieser Himmelsrichtung raten. Viele meiner Klienten, die in einem Haus mit einer im Norden liegenden Eingangstür wohnen, klagen über Einsamkeit.

Die im Norden eines Gebäudes schwingende Energie paßt ausgezeichnet zu Aktivitäten wie Schlafen, Sex, Meditation sowie kreativem Schaffen, bei denen Abgeschiedenheit gefragt ist. Diejenigen Räume, die dieser Energieart entsprechen, sind das Schlafzimmer, der Meditationsraum oder ein Künstleratelier, sofern der Künstler allein und unabhängig arbeiten möchte. Die vom Gebäudezentrum aus im Norden liegenden Zonen bieten sich besonders an, wenn jemand Ruhe sucht, allein sein will und seinen Seelenfrieden finden möchte.

Die mit dem Wasser assoziierte Farbe ist das gebrochene Weiß mit einer fast durchsichtigen Beschaffenheit und einer oftmals glänzenden Oberfläche. Im Idealfall vermittelt dieser Farbton den Eindruck von Tiefe und Bewegung bei gleichzeitiger Flexibilität. Das Wasser-Chi kann seine Richtung mühelos ändern, ohne dabei die Chi-Energie der Umgebung allzu sehr zu stören.

ACHT NORDOSTEN

Fünf Elemente	Erde
Symbol	Berg
Familienmitglied	Jüngster Sohn
Farbe	Weiß
Tageszeit	Früher Morgen

Im nordöstlichen Bereich eines Gebäudes schwingt eine starke und alles durchdringende Energie. Mit dem Symbol des Berges wird die Vorstellung von einer eher rauhen und schroffen Atmosphäre erzeugt. Mit dem jüngsten Sohn verbindet sich das Bild eines verwöhnten, kämpferischen und wetteifernden Kindes, das seinen Willen mit so viel Nachdruck durchsetzt, daß die anderen gewöhnlich nachgeben. Die hier vorherrschende Energie ist motivierend, aggressiv und zielgerichtet. Darüber hinaus kann sie sehr schnell ihre Richtung ändern.

Im Lebenszyklus ist das Kind nun geboren und lernt, mit seiner Umwelt in Interaktion zu treten. Das Baby muß Sauerstoff aus der Luft und später die Nahrung zu sich nehmen, die die Natur ihm anbietet. Das Kind handelt aus eigenem Antrieb heraus und entwickelt mit der Zeit eine starke Eigenidentität. Für Eltern sind oftmals zwei Dinge am allerschlimmsten: zum einen, wenn ihr Kind seine Spielsachen nicht mehr mit anderen teilen will und zum anderen Wutanfälle bekommt, wenn es seinen Willen nicht durchsetzen kann. Beim Samenkorn ist es die Phase, in der die junge Pflanze zu wachsen beginnt und ihre Keime und Wurzeln austreibt. Erstmals entzieht der Same nun der Erde Nährstoffe. Es ist der Moment, da er eigenständig sein und sich sein Territorium erobern muß. Diese Zeit ist ganz und gar von eigenem Antrieb, großem Kampfgeist und Wetteifer geprägt. Alles dreht sich darum, sich ein eigenes Leben aufzubauen. Es erfordert enorme Kraftanstrengung, sich seinen Weg durch den Boden zu bahnen, und deshalb läßt sich dieses Stadium mit Entschlossenheit und Beharrlichkeit assoziieren.

Die Anordnung einer Tür im Nordosten kann die Bewohner des Hauses anfälliger für alle äußeren Einflüsse machen, denn sie ermöglicht dieser aggressiven und alles durchdringenden Energie – einem kantigen Felsen gleich – den Eintritt in die Räume. Von allen acht Richtungen ist diese Lage die wohl ungünstigste.

Die Chi-Energie des Nordostens unterstützt Aktivitäten wie Spiel und Sport. Hier könnte also ein Gymnastikraum, ein Zimmer für Gesellschaftsspiele wie etwa Kartenspiele, Billard oder ein Kinderspielzimmer untergebracht werden. Im Nordostbereich eines Gebäudes treffen wir immer eine von Antriebskraft und Wettbewerbsgeist erfüllte Atmosphäre an.

Weiß ist die Farbe, die die Chi-Energie im Nordosten am besten symbolisiert; es handelt sich hier um ein strahlendes Weiß, ganz so wie das von schneebedeckten Bergen. Mit diesem Weiß läßt sich eine eher glanzvolle, gestochene und harte Atmosphäre erzeugen.

DREI OSTEN

Fünf Elemente	Holz
Symbol	Donner
Familienmitglied	Ältester Sohn
Farbe	Hellgrün
Tageszeit	Morgen

Der östliche Bereich eines Gebäudes unterstützt und fördert eine aktive, zielgerichtete Chi-Energie. Das Symbol des Donners verleiht dieser Energie große Intensität. Dem ältesten Sohn fiel traditionsgemäß die Aufgabe zu, für die Familie zu sorgen, wenn sich die Eltern zur Ruhe setzten, und in diesem Sinne ist er die Zukunft der Familie. Das Bild der aufgehenden Sonne im Osten erweckt den Eindruck des beginnenden Tages. Die Chi-Energie des Ostens wird mit Ehrgeiz assoziiert und damit, Dinge ins Rollen zu bringen und Ideen in die Tat umzusetzen. Diese Art von Chi-Energie läßt im wahrsten Sinne des Wortes Träume Wirklichkeit werden. Sie bietet gute Voraussetzungen für einen schnellen Start.

An diesem Punkt im Lebenszyklus ist das Kind inzwischen zu einem jungen Mann beziehungsweise einer jungen Frau herangewachsen und brennt darauf, sich beruflich zu etablieren. Es ist eine Zeit von hochfliegenden Plänen und neuen Anfängen. Die Schößlinge durchbrechen nun den Boden und schießen in die Höhe. Es ist eine hochaktive Phase, in der eine kräftige junge Pflanze heranwächst und sich einen festen Stand verschafft.

Eine im Osten des Gebäudezentrums angeordnete Tür wirkt sich besonders für junge Leute positiv aus. Dies unterstützt vor allem ihre Pläne für den Eintritt ins Berufsleben oder die Eröffnung eines neuen Geschäfts. Der Alltag nimmt gewöhnlich einen geschäftigen und aktiven Charakter an. In einem kommerziell genutzten Gebäude ist eine Tür im Osten besonders vorteilhaft für den Aufbau neuer oder den Ausbau bestehender Geschäftsverbindungen.

Der östliche Teil eines Gebäudes eignet sich ausgesprochen gut für alle Dinge, die naturgemäß mit viel Aktivität, praktischem Sinn und zukunftsorientiertem Denken verbunden sind. Ein Büro, eine Küche oder ein Hobbyraum würden von dieser Chi-Energie am meisten profitieren. Weil die Sonne diese Seite des Gebäudes am Morgen energetisiert, ist hier auch der ideale Ort für das Frühstück. Ein Schlafzimmer im Osten kommt solchen Bewohnern entgegen, die mehr Bewegung und Geschäftigkeit in ihren Alltag bringen möchten, weil sie beispielsweise gerade ein neues Geschäft eröffnet haben oder das berufliche Weiterkommen auf dem Plan steht.

Hellgrün symbolisiert diese Chi-Energie farbmäßig am besten. Dieser Grünton ist lebhaft und anregend. Wie kein anderer stimuliert er Gefühle von Wachstum, Frische und Vitalität. Dieses Grün treffen wir im neuen Blattwerk von Bäumen oder Pflanzen an.

VIER SÜDOST

Fünf Elemente	Holz
Symbol	Wind
Familienmitglied	Älteste Tochter
Farbe	Dunkelgrün oder Blau
Tageszeit	Vormittag

Im südöstlichen Gebäudeteil schwingt eine geschäftige und aktive Chi-Energie, die aber weniger zielgerichtet und scharf ist als das Chi des Ostens. Der Wind als vorherrschendes Symbol ist beharrlich, mit großer Kraft verbunden, jedoch weniger aggressiv und dramatisch als der Donner. Ähnliches können wir bei der ältesten Tochter beobachten, die weitaus sanftmütiger als der älteste Sohn ist. Diese Chi-Energie liegt einer wohlgeordneten und harmonischen Entwicklung zugrunde.

Im Lebenszyklus sehen wir den Menschen nun als vernünftigere Persönlichkeit; sein Leben ist ausgeglichener geworden. Die Pflanze setzt ihr Wachstum fort und tritt ebenfalls in eine reifere Phase ein.

Eine Tür im Südosten des Gebäudes kommt jungen Leuten zugute. Ähnlich wie im Osten fördert diese Anordnung die Aktivität und begünstigt einen Arbeitsplatzwechsel oder den Schritt in die berufliche Selbständigkeit. Die Energie ist hier im allgemeinen etwas ausgereifter und weniger aggressiv. Sie verhilft den Menschen zur Entfaltung eines harmonischen Lebens. Ein zusätzlicher Pluspunkt ist darin zu sehen, daß eine Eingangstür in diesem Teil des Hauses alle kommunikativen Aspekte im Leben der Bewohner hervorhebt, denn der Wind sorgt in der Natur für Kommunikation, indem er die Samen verstreut.

Wird ein Ambiente der Kommunikation, Kreativität und Ausdauer gesucht, so verlegt man die betreffenden Aktivitäten am besten in den Südosten eines Gebäudes. Auf Räume wie Küche, Büro oder Studio wirkt sich diese Lage besonders positiv aus. Ein Schlafzimmer im Südosten ist ebenfalls dem beruflichen Aufstieg der Bewohner oder ihrem geschäftlichen Erfolg dienlich – hier allerdings auf sanftere und behutsamere Weise.

Dunkelgrün kommt dem Chi im Südosten am nächsten. Es ist gesetzter und ruhiger als das lebhafte, helle Grün des Ostens. Dunkelgrün repräsentiert die Blätter in einem reiferen Wachstumsstadium. Dieser Grünton bietet sich bestens an, um eine eher gediegene und seriöse Atmosphäre zu schaffen. Gleichzeitig läßt er Gefühle innerer Größe und Vitalität aufkommen. Blau kann ebenfalls mit dieser Chi-Energie assoziiert werden.

NEUN SÜDEN

Fünf Elemente	Feuer
Symbol	Feuer
Familienmitglied	Mittlere Tochter
Farbe	Lila
Tageszeit	Mittag

Der nach Süden ausgerichtete Teil eines Gebäudes wird von einer mit Feuer, Leidenschaft und Brillanz assoziierten Chi-Energie beherrscht. Wie eine Kerze die Nacht erhellt, so will diese Energie scheinen und glänzen. Die mittlere Tochter zeichnet sich dadurch aus, daß sie aus sich herausgeht, extrovertiert und kontaktfreudig ist. Wenn das Chi in diesem Gebäudeteil harmonisch fließt, können die Bewohner zu Ruhm und Ansehen sowie gesellschaftlicher Anerkennung und Wertschätzung finden.

Im Lebenszyklus repräsentiert diese Phase das mittlere Alter, wenn ein Mensch seinen bisherigen Erfolg zu genießen beginnt und einen bestimmten Bekanntheitsgrad erreicht hat, vorausgesetzt natürlich, die früheren Phasen waren positiver Natur. Das ist auch die Zeit, in der unsere Pflanze in Blüte steht; leuchtend und farbenfroh präsentiert sie sich, ist von weither sichtbar und hinterläßt Eindruck.

Eine Tür im südlichen Teil des Gebäudes verhilft den Bewohnern zu Ansehen und Ruhm, weil das Feuer-Chi hell leuchtet und leicht wahrnehmbar ist. Man kann davon ausgehen, daß die in einem solchen Haus lebenden Menschen ein sehr aktives gesellschaftliches Leben führen, denn sie werden durch dieses feurige, strahlende Chi unaufhörlich stimuliert. Es ist auch der Anregung des Geistes zuträglich, wenn der Eingang an dieser Stelle liegt. Gleichzeitig hat der Süden einen ausgesprochen aktiven, hitzigen und beinahe explosiven Charakterzug; so kann es hier zu heftigen Auseinandersetzungen unter den Bewohnern kommen, was manchmal bis hin zu einer Scheidung führt.

Der Süden eines Gebäudes eignet sich besonders gut für gesellschaftliche und kontaktorientierte Aktivitäten. Ein Raum für Partys und Geselligkeit würde vom Chi des Südens profitieren. Darüber hinaus unterstützt der Süden eines Gebäudes die Intelligenz und regt den Verstand an. Aus diesem Grund kann hier auch gut ein Arbeits- oder Studierzimmer eingerichtet werden. Ebenso erweist sich hier die Anordnung eines Schlafzimmers für junge Studenten als vorteilhaft. Die Chi-Energie des Südens ist allerdings voller Leidenschaft und Intensität. Deshalb dürfte es relativ schwierig werden, sich über längere Zeit hinweg richtig zu konzentrieren und dort gut zu schlafen. Dieser Bereich ist hochenergetisch, obgleich die Energie an dieser Stelle weniger stark zielgerichtet ist als im östlichen und südöstlichen Teil. Die Bewohner werden mit Erfolg gekrönt, denn sie stehen immerzu im Rampenlicht.

Lila ist die Farbe, die die Chi-Energie des Südens am besten symbolisiert: Es ist die Farbe, die wir im Zentrum einer

Flamme finden. Es ist wichtig zu beachten, daß je nach gewähltem Farbton Gefühle von Leidenschaft, Erregung und Hitze aufkommen können.

ZWEI SÜDWESTEN

Fünf Elemente	Erde
Symbol	Erde
Familienmitglied	Mutter
Farbe	Schwarz
Tageszeit	Nachmittag

Im Südwesten des Zentrums einer Wohnung ist das Chi im allgemeinen gefestigter und langsamer. Die hier vorherrschende Atmosphäre ist auf Konsolidierung und sorgfältig vorbereiteten, methodischen Fortschritt ausgerichtet. Dies erzeugt ein eher umsichtiges Milieu. Das Familienmitglied ist die Mutter, die dieser Chi-Energie einen Impuls verleiht, der die familiäre Harmonie stärkt und fördert. Dieser Teil des Hauses korrespondiert mit der Mutter oder der ältesten Frau in der Familie.

Im Lebenszyklus sind Mann oder Frau inzwischen in eine weitaus gesetztere Phase eingetreten. Sie sind jetzt mehr damit beschäftigt, Harmonie in der Familie zu schaffen und zu bewahren. Vielleicht haben sie inzwischen Enkelkinder und möchten daher mehr Zeit mit ihrer Familie verbringen. Die Pflanze hat aufgehört zu wachsen, und ihre Frucht wird zunehmend süßer.

Eine Eingangstür im Südwesten liegt auf der Standard-Tafel auf der gleichen Achse wie der Nordosten. Die drei die Erde symbolisierenden Ki-Zahlen 8, 5 und 2 befinden sich allesamt in einer Linie, in der der Energiefluß weniger stabil ist. Sie gehören zum Element Erde, und darum braucht sich das entlang dieser Achse fließende Chi nicht in ein anderes

Element der Chi-Energie umzuwandeln. Aus diesem Grund kann sich die Chi-Energie sehr rasch zwischen diesen Zonen hin- und herbewegen. Obgleich das Chi im Südwesten ganz anders ist, trägt es ebenso das gleiche wandelbare Wesen der Chi-Energie des Nordostens in sich. Daher gilt die Anordnung einer Tür im Südwesten als etwas problematisch für die Aufrechterhaltung der Gesundheit.

Der Südwesten eines Gebäudes bietet sich besonders für ruhigere, eher häusliche Aktivitäten an. Wohnzimmer, Werkraum oder Fernsehzimmer würden gut hierher passen. Ein Gebäude mit dem Eingang im südwestlichen Bereich begünstigt die Bewohner insofern, als sie hier aus allem, was sie bereits haben, das Beste machen können. Die hier fließende Energie ist relativ verhalten, aber stetig.

Schwarz ist die Farbe, die mit der Chi-Energie des Südwestens am engsten assoziiert ist. Sie erinnert uns an fruchtbare schwarze Erde. Die Energie im Südwesten ist mit der Mutter und der Erde besonders stark verbunden. Beide haben die Eigenschaft, Nahrung zu spenden und Leben zu erhalten. Von daher ist die Art von Boden, die diese Eigenschaften am besten repräsentiert, dunkel, fast wie schwarzer Dünger.

SIEBEN WESTEN

Fünf Elemente	Metall
Symbol	See
Familienmitglied	Jüngste Tochter
Farbe	Rot
Tageszeit	Früher Abend

Der Westbereich eines Gebäudes verfügt über eine mit der Ernte assoziierten Energie. Von daher ist er ein ganz wichtiger Ort in bezug auf die finanziellen Einkünfte. Leuchtendrote Sonnenuntergänge machen den Westen zu einer romantischen Stelle im Haus. Das Bild vom See birgt einen eher nachdenklichen und tiefen Eindruck. Viele Feng-Shui-Schulen assoziieren Metall mit Geld (Gold und Silber wird mit Münzen in Verbindung gebracht). Die jüngste Tochter verleiht dieser Zone einen spielerischen Charakter, der etwas mit der Suche nach Vergnügen zu tun hat.

Im Lebenszyklus haben Mann und Frau inzwischen ein Alter erreicht, wo sie sich zurückziehen möchten. Es ist die Zeit der Entspannung und des Genießens der Früchte ihres Tuns. Auch die Pflanze steht jetzt zur Ernte bereit. Der Bauer oder die übrige Natur profitieren von den Früchten unserer Pflanze.

Eine Eingangstür im Westen des Gebäudes kommt dem Geld und der Romantik zugute. Traditionell wäre dies im Fernen Osten der ideale Platz für eine Tür zum Geisha-Haus. Dahinter steht der Gedanke, daß der Westen Romantik, Freude, Spiel und junge Frauen – alle Teil des Wesenszugs der Chi-Energie dieser Himmelsrichtung – symbolisiert. Eine Eingangstür im Westen begünstigt im allgemeinen den gesetzteren, sanfteren Fluß der Chi-Energie. Bei einem kommerziellen Komplex ist die Anordnung der Eingangstür im Westen nur dann angezeigt, wenn ein Geschäft schon länger existiert, keinesfalls sollte es neu oder auf Expansion ausgerichtet sein, denn der Westen repräsentiert das Ende des Arbeitstages.

Die im Westen eines Gebäudes anzutreffende Energie unterstützt das Streben nach Vergnügen, Romantik oder Geld. Die von der westlichen Lage profitierenden Räume sind daher das Eßzimmer oder ein Ort der Unterhaltung und Entspannung am Abend. Ein im Westen angeordnetes Schlafzimmer kann Freude und Lebenslust beeinträchtigen und eine gewisse Antriebslosigkeit nach sich ziehen.

Das Rot beschreibt diese Energie des Westens am besten. Diese Farbe ähnelt der eines herrlichen, feuerroten Sonnenuntergangs und ist dazu angetan, Gefühle der Romantik,

Freude und Zufriedenheit hervorzubringen. Gleichzeitig erscheint sie so solide und fest wie Metall.

SECHS NORDWESTEN

Fünf Elemente	Metall
Symbol	Himmel
Familienmitglied	Vater
Farbe	Silberweiß
Tageszeit	Später Abend

Die Chi-Energie im Nordwesten eines Gebäudes ist mit Führung, Organisation und vorausschauender Planung assoziiert. Das Symbol des Himmels verleiht dieser Chi-Energie Würde, Weisheit sowie eine höhere Dimension. Der Vater gibt diesem Teil des Gebäudes Autorität, Respekt und Verantwortlichkeit. Diese Himmelsrichtung hat einen spezifischen Einfluß auf den Vater, einen älteren Mann oder das Familienoberhaupt gleich welchen Geschlechts.

In dieser Phase des Lebens haben Mann oder Frau bereits alle Zyklen durchwandert und sind somit in der Lage, anderen auf dem Weg durch die verschiedenen Entwicklungsstadien beizustehen. Sie sind jetzt in der privilegierten Position, Erfahrung und Weisheit anbieten zu können. Die Pflanze hat mittlerweile das Stadium erreicht, in dem sie eingebracht und als Vorrat für die restliche Jahreszeit aufbewahrt wird. Es handelt sich um einen Prozeß der in die Zukunft gerichteten Planung. Aus diesem Grunde wird der Nordwesten eines Gebäudes gerne der vorausschauenden Planung und Organisation ebenso zugeordnet wie der Führung und Weisheit.

Die Bewohner eines Hauses mit der Eingangstür im Nordwesten haben es leichter, sich Würde und Respekt zu verschaffen. Das dürfte all jenen dienlich sein, die sich gerade auf dem Weg zur Führungskraft befinden. Sie werden allerdings etwas langsamer voranschreiten als die von der Chi-Energie des Ostens oder Südostens beflügelten Menschen. In einem kommerziellen Gebäude begünstigt die Anordnung der Eingangstür im Nordwesten erfolgreiches Handeln mittels sorgfältiger Planung und unterstützt die Fähigkeit, den Respekt und das Vertrauen der Kundschaft zu gewinnen – die Säulen jeglichen finanziellen und materiellen Erfolges.

Das im nordwestlichen Teil eines Gebäudes schwingende Chi ist ideal für alle Aktivitäten, die organisiert und geplant sein wollen. Ein Büro, Arbeits- oder Studierzimmer, eine Bibliothek oder ein Schlafzimmer passen hier gut. Das Elternschlafzimmer hat im Nordwesten sicherlich seinen günstigsten Platz, denn hier werden sie darin unterstützt, für ihre Familie zu sorgen. In einem kommerziellen Gebäude gilt diese Himmelsrichtung als der ideale Platz für den Direktor oder Vorstand einer Gesellschaft.

Silberweiß kommt der Energie im Nordwesten am nächsten. So wie das Haar einem Menschen den Ausdruck von vornehmer Würde und Weisheit verleihen kann, wenn es silbergrau geworden ist, ist dieser Farbton dazu angetan, einen ähnlichen Effekt auszulösen.

FÜNF MITTE

Fünf Elemente	Erde
Symbol	Keins
Familienmitglied	Keins
Farbe	Gelb
Tageszeit	Keine

Die Chi-Energie der Mitte birgt die größte Kraft in sich. Sie ist wandelbar und kann zwei große Extreme zum Vorschein bringen: das Produktive und das Destruktive. Das zentrale Chi trägt im Idealfall auch die Kraft des Zusammenführens in sich, die sich allerdings nur in einem stabilen Umfeld entfalten kann. Ich empfehle den Bewohnern im allgemeinen, die Mitte ihres Gebäudes oder ihrer Wohnung so leer wie möglich zu belassen. Ihrem Wesen nach braucht dieses Chi mehr offenen Raum. Die Chi-Energie der Mitte verbindet sich mit allen acht Richtungen.

Die Mitte eines Gebäudes ist prädestiniert für die Einrichtung einer Diele oder eines Flurs.

Die Chi-Farbe der Mitte ist gelb. Gelb läßt sich gut mit allen anderen Farben kombinieren. Idealerweise erzeugt dieser Farbton das Gefühl, in der Mitte allen Geschehens zu sein.

In der Formenschule des Feng Shui werden die Eigenschaften und Wesenszüge dieser acht Richtungen in Anlehnung an das magische Quadrat häufig vereinfacht in neun Quadraten dargestellt, dem sogenannten Ba Gua. Jedem Quadrat wird ein Aspekt unseres Lebens zugeordnet, und zwar

- dem Norden – Beruf/Karriere,
- dem Nordosten – Wissen,
- dem Osten – Familie,
- dem Südosten – Reichtum,
- dem Süden – Ruhm,
- dem Südwesten – Beziehungen,
- dem Westen – Kinder und
- dem Nordwesten – hilfreiche Menschen.
- Das Quadrat in der Mitte ist als Tai Chi ausgewiesen, und gelegentlich wird ihm als Aspekt die Gesundheit zugeschrieben.

Es gibt auch andere Interpretationen, wie das Chi ein Gebäude durchströmt, und natürlich eine Vielfalt von Aussagen, wie die traditionelle Praxis des Feng Shui in dieser Hinsicht auszulegen sei. Damit das Ganze nicht allzu verwirrend wird, rate ich Ihnen, zunächst eine Methode gründlich zu studieren und sich dann mit anderen Techniken auseinanderzusetzen, um durch Vergleiche zu einem eigenen Urteil zu gelangen.

In diesem Kapitel habe ich beschrieben, wie ein Gebäude zunächst in acht Richtungen unterteilt wird und wie jede dieser acht Richtungen ihre eigene und einzigartige Chi-Energiebewegung hat, die bestimmte Aktivitäten unterstützt und fördert. Darüber hinaus bestimmt die Art und Weise, wie das Chi jeweils in den acht Richtungen fließt, welche Räume von dieser bestimmten Chi-Energiebewegung am meisten profitieren würden. Weiterhin wird untersucht, welche Einflüsse die charakteristischen Merkmale eines Gebäudes wie beispielsweise die Lage des Haupteingangs auf die Chi-Energieströmung im Haus selbst haben.

6
Wie man mit Hilfe des Kompasses die acht Richtungen nach Norden ausrichtet

Wie die Energie ein Gebäude durchfließt, läßt sich am besten herausfinden, indem man das Schema mit den acht Richtungen über den Grundriß des zu beurteilenden Wohn- oder Arbeitsbereiches legt. Dazu benötigt man einen Kompaß, einen Winkelmesser, ein Lineal, Bleistift und Papier. Der Kompaß sollte eine äußere drehbare Skala haben, um Kompaßpeilungen vornehmen zu können. Normalerweise sind solche Instrumente in Spezialgeschäften für Camping- und Wanderzubehör erhältlich. (Ein Winkelmesser ist eine runde Scheibe aus Plexiglas mit einer 360-Gradeinteilung, wie man sie üblicherweise in Schreibwarengeschäften findet.)

Der Einfachheit halber werde ich generell den Begriff Gebäude für Häuser, Apartments, Büros, Läden, Restaurants oder sonstige überdachte Räume verwenden. Wenn jemand nur einen Teil eines größeren Gebäudekomplexes gekauft oder gemietet hat, braucht er zunächst auch nur diesen Bereich in die Betrachtung einzubeziehen.

Wir beginnen mit der Erstellung eines maßstabsgetreuen Grundrißplanes der zu beurteilenden Fläche. Dazu nehmen Sie von jedem einzelnen Raum die Maße auf und rechnen sie in einen gebräuchlichen Maßstab um, beispielsweise 1 m entspricht 1 cm. Betragen die Abmessungen eines Raumes 4,5 m auf 3,8 m, so müßte auf dem Plan ein Rechteck von 4,5 cm auf 3,8 cm gezeichnet werden. Auf diese Weise werden alle Räume einer Etage gezeichnet. Sind mehrere Ebenen betroffen, sollten separate Pläne für jedes Stockwerk erstellt werden. Bewohnt jemand nur ein Apartment, dann wird eben nur dieses aufgezeichnet.

Nun tragen Sie die Türen und Fenster ein. Wenn die genauen Maße (Größe und Lage) nicht übertragen werden können, sollten Sie zumindest versuchen, diese Elemente im Verhältnis zum Raum einzuzeichnen. Nachdem Sie den Grundriß fertiggestellt haben, können Sie zum nächsten Schritt übergehen und das Zentrum des Gebäudes bestimmen. Zur Erinnerung: Mit »Gebäude« meine ich immer nur die Räumlichkeiten, in denen jemand gerade wohnt oder sich aufhält und die hier zur Begutachtung anstehen; das könnte also ein Haus, Büro oder Apartment sein. Später kann man den gesamten Komplex mit den zugehörigen Gemeinschaftsflächen und anderen Wohnungen oder Apartments ebenfalls vermessen und beurteilen. Das Gebäudezentrum läßt sich mühelos bestimmen, indem zwei diagonale Linien von entgegengesetzten Eckpunkten oder bei einem Kreis von sich gegenüberliegenden Punkten aus gezogen werden (siehe Abbildung 11). Die einfachsten Gebäudeformen sind das Rechteck, das Quadrat, der Kreis oder das Achteck. Nach Feng-Shui-Gesichtspunkten sind dies allesamt günstige Formen.

Etwas komplizierter wird es bei L-förmigen Gebäuden und allen anderen unregelmäßigen Formen. In solchen Fällen läßt sich das Zentrum am einfachsten ermitteln, indem man die Gesamtfläche in zwei oder mehrere Rechtecke aufteilt und dann eine Verbindungslinie zwischen den Zentren der verschiedenen Rechtecke zieht. Nun betrachten Sie die Größenverhältnisse der einzelnen Rechtecke und bestimmen proportional dazu einen Punkt auf der Verbindungslinie. Der Punkt muß jeweils dem Zentrum des größeren Rechtecks

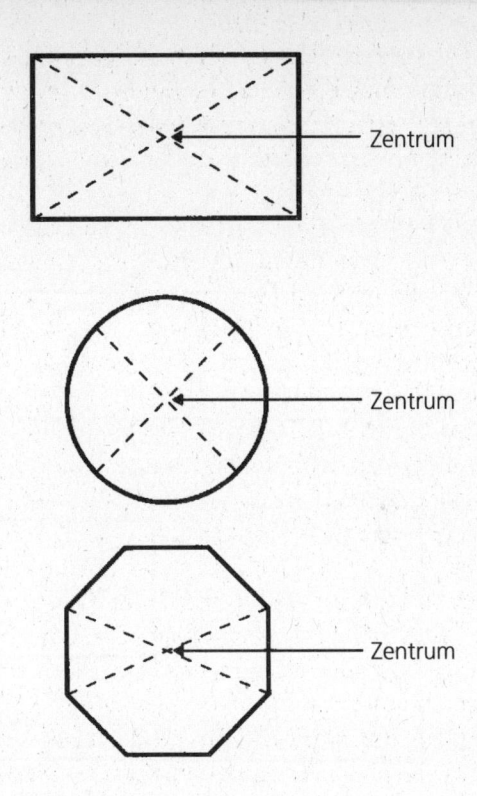

Abb. 11 Die einfachsten Formen sind das Rechteck, das Quadrat, der Kreis und das Achteck.

näher liegen (siehe Abbildung 12). Wenn Sie das Zentrum einer sehr komplizierten Gebäudeform ermitteln wollen, können Sie die entsprechenden Berechnungsanleitungen in einem Geometriebuch finden. Eine andere Methode wäre, die Gebäudekonturen vom Grundriß auf einen Karton zu übertragen, diese dann auszuschneiden und mittels einer Nadel den Schwerpunkt zu bestimmen. Sobald der Karton auf der Nadel im Gleichgewicht ruht, durchstechen Sie ihn. Das Loch ist der zentrale Punkt des Gebäudes.

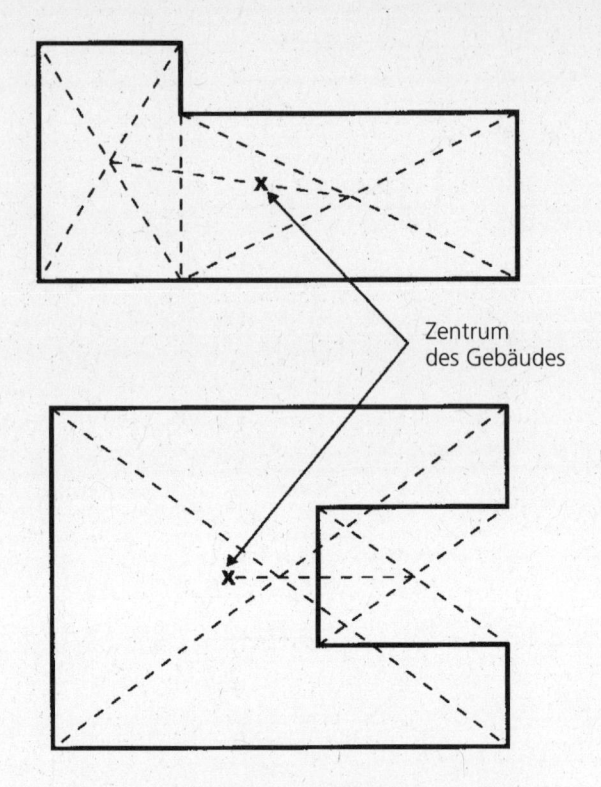

Abb. 12 Ermittlung des Zentrums bei einem komplizierten oder L-förmigen Raum

Nachdem nun der Grundriß erstellt und das Gebäudezentrum ermittelt worden sind, können Sie den magnetischen Norden auf der Zeichnung festlegen. Dazu nehmen Sie einen Kompaß und richten ihn direkt auf eine der Wände. Nun gehen Sie in der Wohnung umher und halten den Kompaß dabei immer auf diese eine Wand gerichtet. Während Sie dies tun, verändert die Kompaßnadel wahrscheinlich ihre Richtung. Aus Eisen oder Stahl gefertigte Gegenstände beeinflussen das Magnetfeld. Viele elektrische Geräte, insbesondere

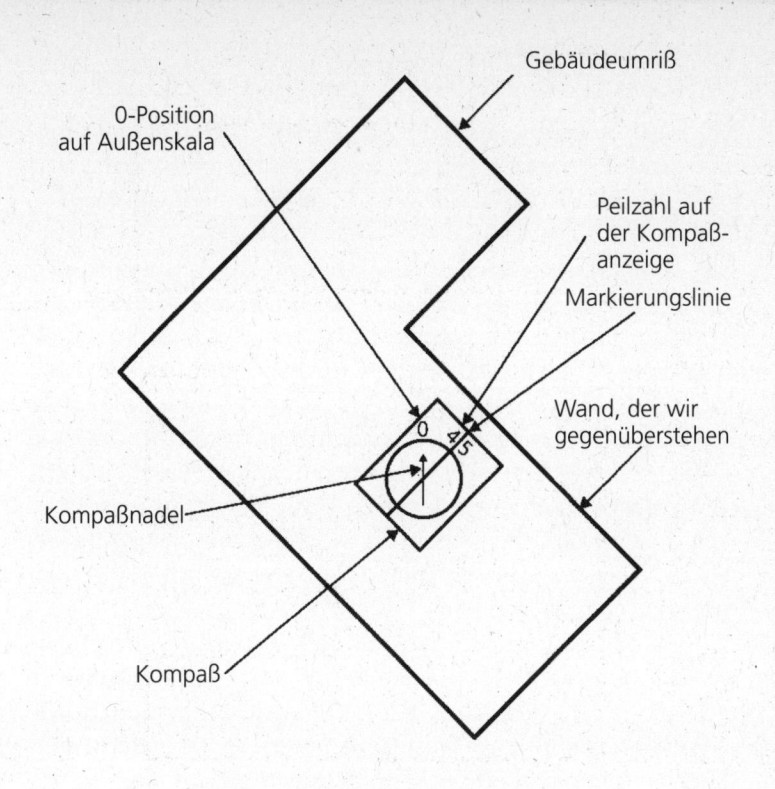

*Abb. 13 Den magnetischen Norden
auf dem Grundrißplan festlegen*

solche, die mit Transformatoren ausgerüstet sind, erzeugen ein eigenes Magnetfeld. Stahlträger, Rohre oder Wassertanks können in einem Gebäude verdeckt angeordnet sein und die Kompaßanzeigen verzerren. Ich überprüfe immer verschiedene Zonen in einem Gebäude einschließlich des Außenbereiches, bis ich ganz sicher bin, eine gleichbleibende Kompaßanzeige zu haben. Nachdem Sie sich also Gewißheit verschafft haben und den Kompaß weiterhin auf die Wand gerichtet halten, drehen Sie die äußere Skala des Kompasses so lange, bis sich die 0 in einer Linie mit der Nadelspitze befindet. Das ist der Norden. Die Markierungslinie auf dem Kompaß ist nun auf eine Zahl der Skala ausgerichtet (siehe Abbildung 13). Dies ist die Peilzahl, die zur Einzeichnung des magnetischen Nordens auf dem Grundrißplan benötigt wird.

Um den magnetischen Norden auf dem Grundrißplan zu vermerken, legen Sie das Zentrum des Winkelmessers über das Zentrum des Grundrißplans. Nun drehen Sie den Winkelmesser so lange, bis die mit dem Kompaß ermittelte Peilzahl auf die Wand zeigt, von der aus Sie gepeilt haben. Die Zahl 0 auf dem Winkelmesser weist nun auf unserem Grundrißplan in die gleiche Richtung wie die Kompaßnadel im Gebäude. Jetzt machen Sie einen Strich in Höhe der 0 auf dem Winkelmesser und ziehen eine Linie vom Zentrum der Wohnung bis zu dieser Markierung. Diese Linie zeigt auf Ihrem Plan den magnetischen Norden an.

Abbildung 14 veranschaulicht das Schema der acht Richtungen. Norden, Osten, Süden und Westen sind in Segmente von jeweils 30, der Nordosten, Südosten, Südwesten sowie Nordwesten von jeweils 60 Grad unterteilt. In vielen Feng-Shui-Schulen sind alle acht Richtungen gleichmäßig in 45-Grad-Segmente eingeteilt. Soll anhand der acht Richtungen berechnet werden, welche Auswirkungen es für einen Menschen mit einer bestimmten Neun-Ki-Zahl hat, wenn dieser zu einem festgelegten Zeitpunkt in eine ganz spezifische Richtung zieht, so muß der Feng-Shui-Berater auch die Einflüsse der zwölf chinesischen Tiere mit einbeziehen. Wie die zwölf Stunden auf einem Zifferblatt werden auch diese in zwölf gleiche Segmente von jeweils 30 Grad eingeteilt – siehe den Außenring auf Abbildung 15. Um die zwölf Tiere und acht Richtungen in eine synchrone Ordnung zu bringen, sind einige Feng-Shui-Schulen dazu übergegangen, die acht Richtungen in vier Segmente von 30 Grad und vier von 60 Grad

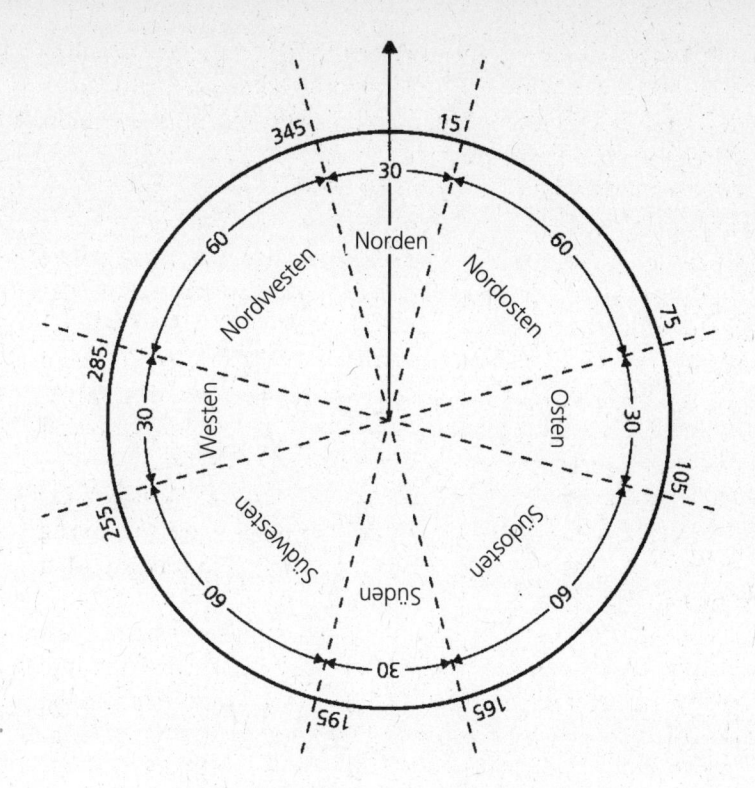

Abb. 14 Das Schema der acht Richtungen

zu unterteilen (siehe Abbildung 15). Mit dieser Methode habe ich persönlich die meiste Erfahrung gesammelt. Im Inneren der Kompaßrose ist ein kleiner Raum ausgespart, der die Chi-Energie des Zentrums – der Fünf – repräsentiert.

Die Kompaßrose mit den acht Richtungen kann nun über den Grundrißplan gezeichnet werden, wobei Sie darauf achten sollten, daß der Norden des Schemas mit dem Norden Ihres Grundrißplans übereinstimmt. Man könnte das Schema

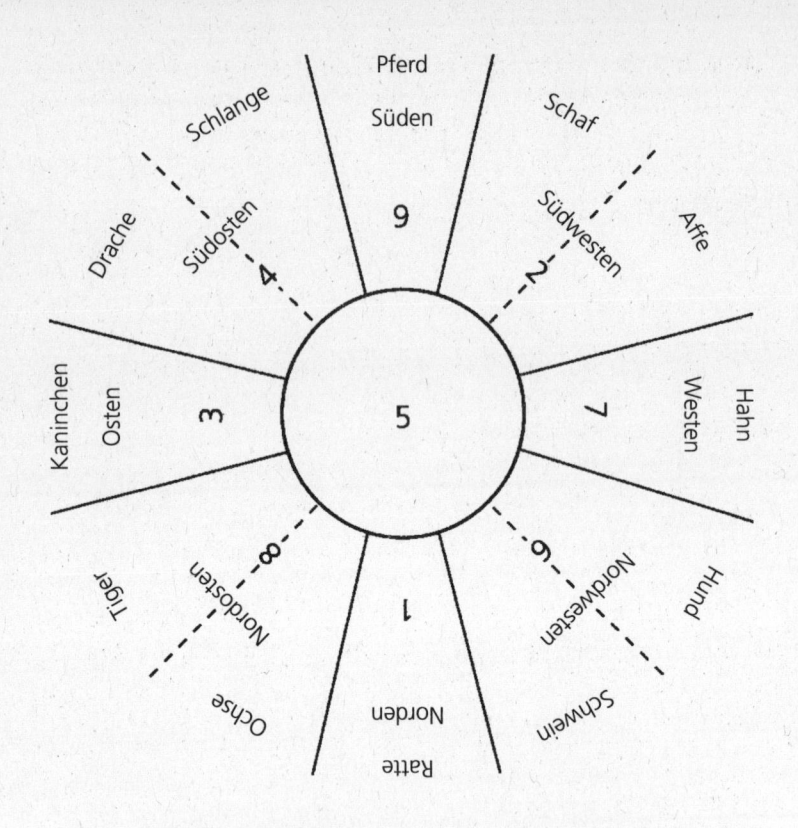

Abb. 15 Die zwölf Tiere und die acht Richtungen

mit den acht Richtungen auch auf Pauspapier übertragen und dieses über den Grundrißplan legen. Alternativ dazu kann man es auf ein weißes Blatt Papier bringen und dann auf Transparentfolie kopieren. Das ist ein sehr gebräuchliches Verfahren zur Folienherstellung für Overhead-Projektoren, die Folien sind in den meisten Kopierläden erhältlich. Die Folie mit den acht Richtungen legt man nun einfach über den Grundrißplan; dabei ist natürlich darauf zu achten, daß die in

Nordrichtung weisende Linie auf unserem Grundriß mit der nach Norden zeigenden Linie auf der Folie übereinstimmt.

Anhand der über den Grundrißplan gelegten Kompaßrose werden wir nun zunächst einmal die Form eines Gebäudes beurteilen.

7
Die Form eines Gebäudes

Das Rechteck ist die am häufigsten anzutreffende Gebäudeform, die auch im Feng Shui als ideal angesehen wird. Ist ein Bauwerk allerdings lang und schmal, werden seine Bewohner es schwerer haben, zu einem ausgewogenen Leben in seinen Mauern zu finden. Ein langgezogenes, enges Gebäude deckt fast immer nur einige wenige Zonen der Kompaßrose großflächig ab, andere hingegen kaum. Die Bereiche, die vom Schema der acht Richtungen ausgefüllt werden, bestimmen das Leben der Bewohner in besonderem Maße, während die im Grundrißplan weniger stark vertretenen Zonen im Leben der Bewohner untergehen könnten (siehe Abbildung 16). In unserem Beispiel nehmen der Südwesten und der Nordosten den größten Teil des Grundrisses ein.

Ein Quadrat oder nahezu quadratisches Gebäude füllt die Kompaßrose in der Regel gleichmäßig aus und darf somit als günstig angesehen werden.

Kreis oder Oktagon sind schon etwas ungewöhnlicher in der Form, gelten aber als ebenso vielversprechend und vorteilhaft.

Viele Häuser, Apartments oder Büros weisen eine unregelmäßige Gebäudeform auf. Hierbei unterscheiden wir zwei Typen:

✧ solche mit Fehlflächen und
✧ solche mit Anbauten.

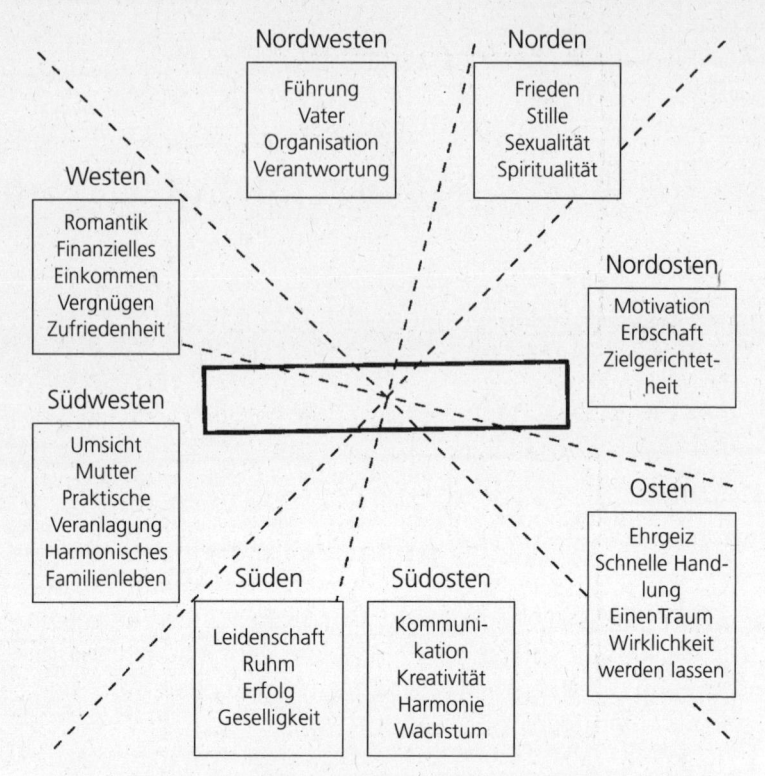

Nordwesten
Führung
Vater
Organisation
Verantwortung

Norden
Frieden
Stille
Sexualität
Spiritualität

Westen
Romantik
Finanzielles
Einkommen
Vergnügen
Zufriedenheit

Nordosten
Motivation
Erbschaft
Zielgerichtet-
heit

Südwesten
Umsicht
Mutter
Praktische
Veranlagung
Harmonisches
Familienleben

Osten
Ehrgeiz
Schnelle Hand-
lung
EinenTraum
Wirklichkeit
werden lassen

Süden
Leidenschaft
Ruhm
Erfolg
Geselligkeit

Südosten
Kommuni-
kation
Kreativität
Harmonie
Wachstum

Abb. 16 Ein langes, schmales Gebäude deckt gewöhnlich nur wenige Zonen der gesamten Kompaßrose in zufriedenstellendem Maß ab.

Bei Fehlflächen handelt es sich um Gebäudeeinschnitte, die weniger als halb so lang wie das Gebäude selbst sind, und von einem Anbau sprechen wir immer dann, wenn ein Teil des Gebäudes herausragt, wobei auch hier die Regel gilt, daß er weniger als die Hälfte der Gebäudelänge selbst ausmachen muß (siehe Abbildung 17).

Bei Gebäuden mit einem kleineren Anbau wird der Chi-Energiefluß in diesem Teil besonders verstärkt und akzentu-

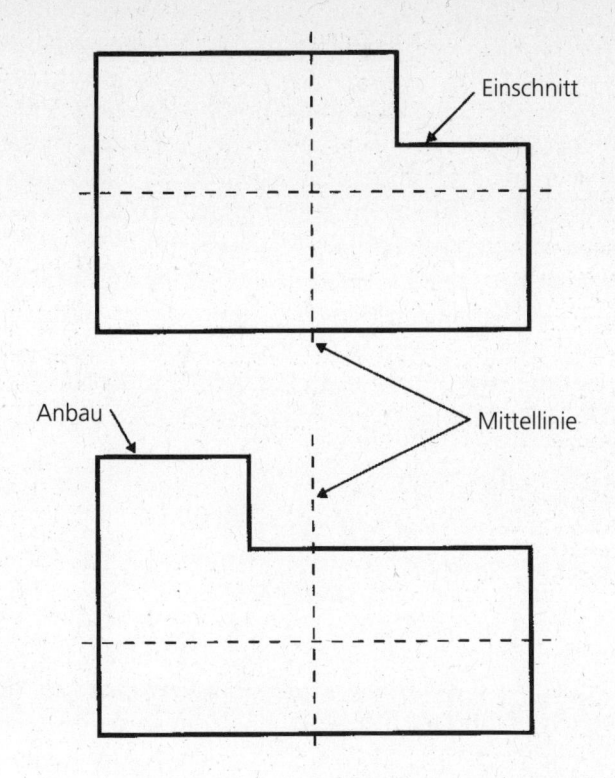

Abb. 17 Gebäude mit einer Fehlfläche oder einem Anbau

iert. Bei einem größeren Anbau hingegen kann das Chi dort überbetont sein, was zu einer unausgewogenen Energiebewegung führt. Es gibt keine Regeln oder Formeln hierfür. Ob ein Anbau übergroß ist oder nicht, bleibt letztlich Ansichtssache. Mein Ratschlag geht dahin herauszufinden, wie sich die Bewohner ihr Leben seit dem Einzug eingerichtet haben und wie sie es empfinden. Hat ein Gebäude beispielsweise einen Anbau nach Südwesten, stärkt das die mit der Mutter und dem ältesten Sohn assoziierte Chi-Energie. Ist man sich nicht ganz sicher, ob dieser Anbau zu groß ist, könnte man zur weiteren Beurteilung die Frage aufwerfen, ob die Mutter in der Familie eventuell eine allzu starke und gebieterische Stellung einnimmt. Sind die Familienstrukturen wegen der dominanten Mutter nicht besonders glücklich, kann man durchaus davon ausgehen, daß der Anbau im Südwesten für dieses Gebäude effektiv zu groß ist.

Zur Orientierung werden nachstehend die von Anbauten oder Fehlflächen ausgehenden Haupteinflüsse aufgeführt; dazu wird erläutert, wie sich diese in den verschiedenen Himmelsrichtungen auf das Gebäude auswirken. Abbildung 18 zeigt ein beispielhaftes Gebäude mit einem Anbau nach Norden.

ANBAUTEN

NORDEN

Ein maßvoll dimensionierter Anbau nach Norden schafft eine Atmosphäre, die das Interesse der Hausbewohner an Spiritualität weckt. Ihr Leben strahlt mehr Ruhe und Frieden aus. In einem solchen Gebäude können sie zu größerer Unabhängigkeit finden. Im allgemeinen ist dieser Gebäudetyp besonders für ältere Menschen geeignet. Diese Gebäudeform kann die Fruchtbarkeit begünstigen und ist ausgesprochen kinderfreundlich.

Ein größerer Anbau hingegen kann den Bewohnern das Gefühl der Isolation verleihen. Sie können in einen Sexskandal verwickelt werden und sich dadurch Schaden zufügen oder sich mit einer sexuell übertragbaren Krankheit infizieren. Ihr Leben könnte generell in zu ruhigen Bahnen verlaufen.

**Nordwesten
Silberweiß**

Führung
Vater
Organisation
Verantwortung

**Norden
Gebrochenes Weiß**

Frieden
Stille
Sexualität
Spiritualität

**Nordosten
Weiß**

Motivation
Erbschaft
Zielgerichtetheit

**Westen
Rot**

Romantik
Finanzielles
Einkommen
Vergnügen
Zufriedenheit

**Osten
Grün**

Ehrgeiz
Schnelle
Handlung

**Südwesten
Schwarz**

Umsicht
Mutter
Praktische Veranlagung
Harmonisches
Familienleben

**Süden
Lila**

Leidenschaft
Ruhm
Erfolg
Geselligkeit

**Südosten
Dunkelgrün oder Blau**

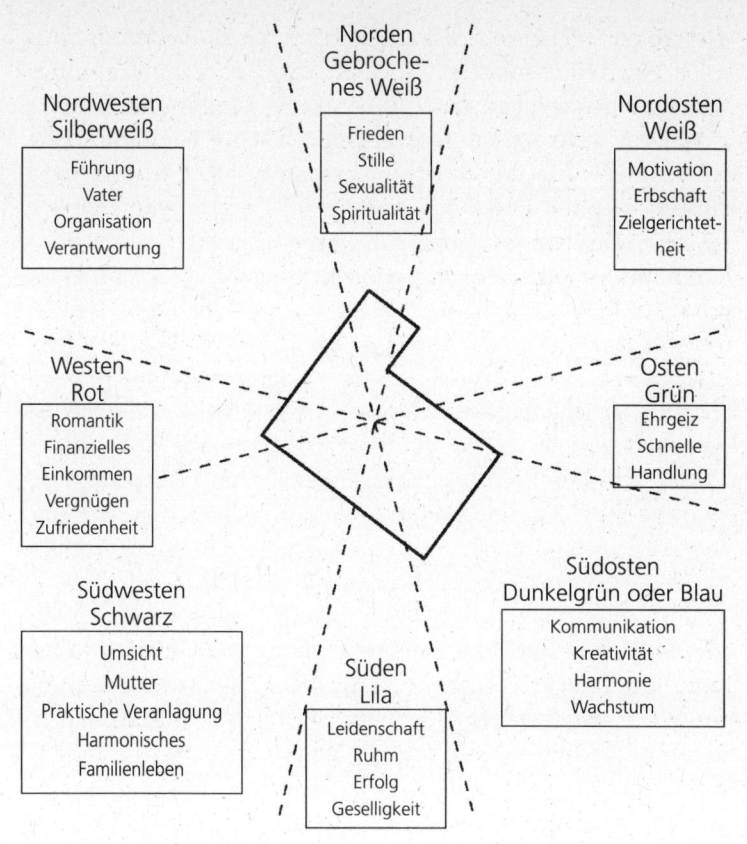

Kommunikation
Kreativität
Harmonie
Wachstum

Abb. 18 Beispiel eines Gebäudes mit einem Anbau nach Norden

NORDOSTEN

Ein kleiner Anbau im nordöstlichen Teil des Gebäudes stimuliert die mit Antriebskraft, Zielgerichtetheit und Fleiß assoziierte Chi-Energie. Besser wäre allerdings kein Anbau.

Ein größerer Anbau kann dazu führen, daß das Nordost-Chi das Gebäude regelrecht überflutet. Dieses aggressive und alles durchdringende Chi kann dazu führen, daß der Energiefluß im ganzen Gebäude instabil und unvorhersagbar wird. Nach der hier zugrundeliegenden Feng-Shui-Lehre gilt ein größerer Anbau im Nordosten als Unglücksbringer; er macht die Bewohner des Hauses allzu anfällig für äußere Einflüsse. Ein größerer Anbau im Nordosten kann ebenfalls dazu führen, daß die Bewohner zu sehr nach materiellen Dingen im Leben streben und habgierig werden. Daraus können auch Probleme in Zusammenhang mit Erbschaften erwachsen.

OSTEN

Ein kleiner Anbau nach Osten kann sich positiv auf Beruf und Geschäft der Bewohner auswirken. Mit einem Anbau nach Osten verbindet sich Geschäftigkeit, Elan und Aktivität. Dies kommt am ehesten jüngeren Leuten entgegen, die aktiv und tatendurstig ihr Leben aufbauen wollen. In einer Familie wäre das besonders dem ältesten Sohn dienlich.

Ein großer Anbau nach Osten bringt den Bewohnern viel zu viel Hektik ins Haus und erzeugt eine Atmosphäre, in der man nur schwer entspannen kann. Darüber hinaus können die Bewohner versucht sein, allzu hastig dem Erfolg nachzujagen und dabei Schiffbruch erleiden.

SÜDOSTEN

Ein kleiner Anbau im Südosten des Gebäudes kann dazu beitragen, dem Leben der Bewohner einen harmonischen Verlauf zu bescheren. Durch einen solchen Anbau kann auch der Chi-Energiefluß stimuliert werden, der das aktive Leben unterstützt und fördert. Das wiederum bringt den Bewohnern Wachstum und Erfüllung in Beruf und Geschäft. In der Familie würde sich das für eine Tochter positiv auswirken, insbesondere wenn sie im heiratsfähigen Alter ist. Generell dürfte diese Gebäudeform Reichtum und Prosperität begünstigen.

Ein allzu großer Anbau im Südosten kann Überaktivität auf den Plan rufen, was in sich selbst schon eine Beeinträchtigung des Gesundheitszustandes darstellt.

SÜDEN

Ein maßvoll dimensionierter Anbau nach Süden dürfte dem Ansehen und Ruhm, der gesellschaftlichen Anerkennung und dem Erfolg dienlich sein. Das bringt Auftrieb und Glück auf dem Weg nach oben. Darüber hinaus erweisen sich die Bewohner eines solchen Gebäudetyps oft als ausgesprochen engagiert und extrovertiert; sie führen ein reges gesellschaftliches Dasein, ganz besonders wenn sie im öffentlichen Leben stehen.

Ein großer Anbau kann zu unrealistisch hohen Erwartungen und entsprechenden Enttäuschungen führen. Ist der Chi-Energieeinfluß im Süden allzu stark, werden exzessive Leidenschaften wach, die zu heftigen Auseinandersetzungen bis hin zur Ehescheidung führen können. Manchen Bewohnern mag es schwerfallen, sich in einem solchen Gebäude heimisch zu fühlen.

SÜDWESTEN

Ein kleiner Anbau im Südwesten eines Gebäudes kann die Familienharmonie stärken und die Bewohner dahingehend beeinflussen, daß sie in allem praktischer und methodischer vorgehen.

Bei einem übergroßen Anbau hingegen kann eine mächtige Chi-Energieströmung entstehen, die die Mutter oder älteste Tochter des Hauses zusätzlich unterstützt. Dadurch wird sie zum Nachteil der anderen Familienmitglieder nur noch dominanter. Bei dieser Gebäudeform spricht man gelegentlich auch vom Witwenhaus, weil die Energie der Frau zu stark geworden ist.

Weiterhin könnten die hier Wohnenden übervorsichtig werden und dadurch weniger entscheidungsfreudig. Der Familienvater oder -vorstand kann die Freude an der Arbeit verlieren.

WESTEN

Ein maßvoll dimensionierter Anbau im Westen kann sich als vorteilhaft für die Finanzen des Hauses erweisen und seinen Bewohnern den Weg für eventuelle Darlehensaufnahmen ebnen. Dieser Gebäudetyp begünstigt Heiraten, besonders bei weiblichen Bewohnern, und kommt der Bewirtung von Gästen entgegen.

Ein großer Anbau im Westen eines Gebäudes kann dazu führen, daß die Bewohner Geldverluste in Kauf nehmen müssen und allzu sehr dem Vergnügen nachjagen. Wenngleich sich das auf alle Familienmitglieder gleichermaßen auswirken dürfte, wären doch die jüngeren Frauen davon am stärksten betroffen.

NORDWESTEN

Ein bescheidener Anbau im Nordwesten kann den Bewohnern stetigen beruflichen Aufstieg bescheren. Diese Gebäudeform erweist sich als vorteilhaft, um vorausschauend zu planen, immer einen klaren Kopf zu bewahren und einen guten Sinn für Gerechtigkeit zu entwickeln. Sie unterstützt den Vater oder Ernährer der Familie. Die betreffende Person kann sich hier verantwortungsvoller zeigen und allen Bedürfnissen der Familie Rechnung tragen.

Ein allzu großer Anbau im Nordwesten kann dazu führen, daß der Vater oder Ernährer der Familie zu mächtig, dominant und selbstherrlich wird. Das kann auch eine verletzende Arroganz nach sich ziehen.

**Nordwesten
Silberweiß**

Führung
Vater
Organisation
Verantwortung

**Norden
Gebrochenes Weiß**

Frieden
Stille
Sexualität
Spiritualität

**Nordosten
Weiß**

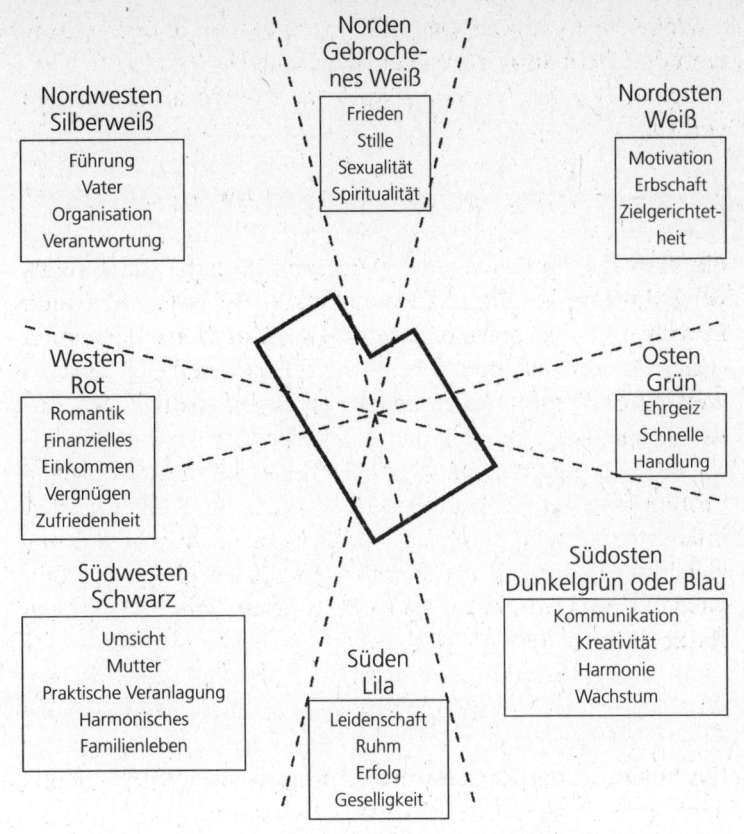

Motivation
Erbschaft
Zielgerichtetheit

**Westen
Rot**

Romantik
Finanzielles
Einkommen
Vergnügen
Zufriedenheit

**Osten
Grün**

Ehrgeiz
Schnelle
Handlung

**Südwesten
Schwarz**

Umsicht
Mutter
Praktische Veranlagung
Harmonisches
Familienleben

**Süden
Lila**

Leidenschaft
Ruhm
Erfolg
Geselligkeit

**Südosten
Dunkelgrün oder Blau**

Kommunikation
Kreativität
Harmonie
Wachstum

Abb. 19 Beispiel eines Gebäudes mit einer Fehlfläche im Norden

Welchen Effekt eine Fehlfläche für jede der acht Richtungen haben kann, wird nachfolgend in vereinfachter Form beschrieben. Abbildung 19 zeigt das Beispielgebäude mit einer Fehlfläche im Norden.

EINSCHNITTE

NORDEN

Eine Fehlfläche im Norden eines Gebäudes erzeugt eine Atmosphäre, die die sexuelle Vitalität der Bewohner einschränkt oder gar gesundheitliche Probleme im Zusammenhang mit den Geschlechtsorganen heraufbeschwört. Die Wahrscheinlichkeit ist gering, daß die Bewohner einer solchen Gebäudeform Kinder haben können. Es können sich auch finanzielle Einbußen abzeichnen, und Angestellte verlieren hier leicht ihren guten Willen, ihr Arbeitspensum zu bewältigen.

NORDOSTEN

Eine kleinere Fehlfläche im nordöstlichen Teil eines Gebäudes kann sich zum Vorteil auswirken, besser wäre es allerdings, wenn hier überhaupt kein Einschnitt wäre. Ist die Fehlfläche relativ groß, können die Bewohner die Lust an der Arbeit verlieren. Darüber hinaus kann eine solche Fehlfläche zu Problemen in der Schwangerschaft führen. Kinder werden in einem solchen Gebäude schwach und anfällig.

OSTEN

Eine Fehlfläche im Osten kann ebenfalls die Ursache dafür sein, daß heranwachsende Kinder in dem Gebäude eher schwach und anfällig sind oder mit Problemen zu kämpfen haben. Das dürfte sich besonders auf den ältesten Sohn auswirken. Ein solches Gebäude kann auch das Nervenkostüm der Bewohner angreifen.

SÜDOSTEN

Eine Fehlfläche im Südosten eines Gebäudes kann den Bewohnern die Kraft und Energie rauben, ihr Leben harmonisch zu gestalten; auch beruflich oder geschäftlich können sie darunter leiden. Die Bewohner können zudem bequem und faul werden. In bezug auf die Gesundheit kann es zu Darmstörungen und erhöhter Anfälligkeit für Erkältungen kommen. Ist die Fehlfläche im Südosten relativ groß, gilt das als ungünstig für das Schicksal der Familie.

SÜDEN

Eine Fehlfläche im Süden macht die Bewohner des Gebäudes anfälliger für Gerichtsprozesse und strafrechtliche Verfolgungen. Darüber hinaus können sie sich leichter Augen-, Herz- und bei Frauen auch Brusterkrankungen zuziehen.

SÜDWESTEN

Eine Fehlfläche im Südwesten eines Gebäudes schwächt die Mutter oder die älteste Frau in der Familie. In dieser Situation ist es schwer, ein harmonisches Familienleben aufzubauen und zu erhalten. Bewohner eines solchen Gebäudetyps neigen zu Magenerkrankungen.

WESTEN

Eine Fehlfläche im Westen kann mangelnde Zufriedenheit ausstrahlen. Dies würde insbesondere die jüngste Tochter oder die jüngste Frau in der Familie betreffen. Eine in einem solchen Gebäude lebende Frau könnte sich zum Alleinsein verdammt sehen – also unfähig sein, einen passenden Partner zu finden. Bewohner dieses Gebäudetyps können mit

Lungenerkrankungen zu tun haben. Gibt es eine große Fehlfläche im Westen, kann dies unter Umständen zu Verlust von Besitz und Vermögen führen.

NORDWESTEN

Eine Fehlfläche im Nordwesten kann die Energie des Vaters oder Hauptermährers der Familie schmälern. Es kann sich bei ihm auch eine gewisse Tendenz zu Gedächtnisstörungen abzeichnen. Diese Gebäudeform ist auch als Witwenhaus bekannt, weil die Kraft des Ehemanns erlahmt ist.

Nachdem wir nun mit den Einflüssen vertraut sind, die sich aus der Gebäudeform ergeben, wollen wir die charakteristischen Merkmale eines Gebäudes in bezug auf ihre Tauglichkeit in jeder der acht Richtungen untersuchen. Im nächsten Kapitel werde ich auf einige der wichtigsten Aspekte eingehen, die im Zusammenhang mit Türen und Wasser zu beachten sind.

8
Die charakteristischen Merkmale eines Gebäudes

TÜREN

Jeder Eingang – sei es ein Tor, das die Zufahrt zu einem Grundstück freigibt, oder eine Tür, die in ein Gebäude oder in einen Raum führt – wirkt sich in der einen oder anderen Weise auf den Chi-Energiefluß aus. Im Feng Shui wird bei einer Tür häufig von einem Tor gesprochen. Die Chi-Energie kann zwar durch alle Wände fließen, doch sie bewegt sich natürlich freier durch eine Türöffnung hindurch, zumal sie mit der Bewegung der Menschen hereingetragen wird. Eine häufig benutzte Tür hat sicherlich einen größeren Einfluß auf die Chi-Energiebewegung im ganzen Gebäude als eine nur gelegentlich gebrauchte.

Auch die Größe einer Tür nimmt Einfluß auf die Chi-Energiebewegung. Eine selbst für den korpulentesten Bewohner eines Gebäudes in der Breite bequem zu durchschreitende Tür stellt sicher, daß ein jeder sie mit seinem persönlichen Chi-Energiefeld frei und ungehemmt passieren kann. Eine breite Tür verbessert auch insofern den Chi-Energiefluß, als dieser selbst ungehindert ein- und ausströmen kann. All das ist natürlich nur dann wünschenswert, wenn die Tür auch in einer vom Zentrum des Gebäudes oder der jeweiligen Wohnung her gesehenen günstigen Himmelsrichtung angeordnet ist.

Die Art der Türöffnung hat ebenfalls bestimmte Auswirkungen auf die Chi-Energieströmung. Führt die Tür in einen offenen Raum, kann das Chi weitaus freier fließen. Führt sie hingegen in einen schmalen Korridor oder beengten Raum hinein oder öffnet sich gar zu einer Wand hin, kann sich die Chi-Energie dort stauen und der freie Fluß gehemmt werden.

Um festzustellen, welche Auswirkung eine Tür auf das Gebäude und seine Bewohner hat, müssen Sie sich den Grundrißplan anschauen und die Lage der Tür nach den acht Richtungen bestimmen. Dazu ermitteln Sie zunächst auf dem Grundriß wieder das Zentrum des Gebäudes und legen das Zentrum der acht Richtungen genau darüber. Dann bringen Sie den Norden auf dem Schema der acht Richtungen mit dem Norden des Grundrißplanes in eine Linie und können ablesen, in welcher Himmelsrichtung die besagte Tür liegt. Diese Tür lockt gewissermaßen den dort vorherrschenden Chi-Energiefluß in das Gebäude herein. Ist die Tür beispielsweise im Südosten des Gebäudezentrums angeordnet, wird dadurch das Hereinströmen der Chi-Energie aus südöstlicher Richtung verstärkt. Welche Implikationen das wiederum für die Bewohner hat, kann in Kapitel 5 im Zusammenhang mit den Wesenszügen und Attributen der Chi-Energie nachgelesen werden.

Ein weiterer Gesichtspunkt ist die Richtung, der die Tür zugewandt ist. So gibt es beispielsweise Gebäude mit einer östlich des Zentrums angeordneten Tür, die jedoch selbst effektiv dem Süden zugekehrt ist. Die Ausrichtung der Tür hat zwar geringere Bedeutung als die Lage, doch das Prinzip ist das gleiche. Liegt eine Tür östlich vom Gebäudezentrum, werden die Charakterzüge und Eigenschaften unterstützt, die mit dem aus östlicher Richtung kommenden Chi assoziiert sind. Ist die Tür außerdem noch dem Süden zugewandt, wird damit auch das Hereinströmen von Chi-Energie aus dem Süden begünstigt. Zum Einfluß der Tür kommen also die Eigenschaften der Chi-Energie aus dem Süden hinzu. Da die Auswirkungen der Ausrichtung gemessen an der Lage jedoch relativ gering sind, schlage ich vor, zunächst nur die Lage der Tür in die Betrachtung einfließen zu lassen.

Damit wir die Bedeutung einer Tür richtig verstehen und einzuschätzen wissen, habe ich nachstehend für jede Himmelsrichtung die wichtigsten Aspekte herausgestellt.

NORDEN

Eine vom Gebäudezentrum aus nach Norden weisende Tür begünstigt das Hereinströmen von Wasser-Chi ins Gebäude. Diese Chi-Energie ist im allgemeinen zu kühl für eine Tür oder den Eingang. Sie kann dazu beitragen, daß das Leben der Bewohner in ruhigeren Bahnen verläuft. Hinter einer Tür im Norden kann man sich gut verstecken. Wer in einem solchen Gebäude lebt oder arbeitet, kann sich mit der Zeit abgekapselt und isoliert vorkommen. Auch Gefühle der Unsicherheit oder Sorge können sich hier verstärken.

NORDOSTEN

Eine nordöstlich des Gebäudezentrums liegende Tür ist wohl am wenigsten wünschenswert. Es heißt, sie mache die Bewohner des Hauses anfällig für negative Einflüsse von Geistwesen. Die Chi-Energie aus dem Nordosten gilt als kalt und durchdringend. So wird ein solches Gebäude wohl kaum Gemütlichkeit ausstrahlen. Außerdem kann eine Tür im Nordosten jähe Veränderungen der Chi-Energiebewegung bewirken, wodurch sich Schicksalswendungen für die Bewohner ergeben können. Eine Tür im Nordosten ist der Gesundheit nicht zuträglich, und es können sich überdies Probleme mit dem Kinderwunsch einstellen.

OSTEN

Eine vom Gebäudezentrum aus im Osten angeordnete Tür kommt jungen Leuten besonders entgegen. Von der aufgehenden Sonne energetisiert, gilt der Osten als eine Lage, die dem Aufbau einer glänzenden Zukunft dient. Dieser Einfluß unterstützt Beruf und Geschäft der Bewohner gleichermaßen. Diese Himmelsrichtung führt höchstwahrscheinlich am ehesten zu raschem Erfolg. Eine Tür im Osten ist somit ideal für alle, die ein neues Geschäft eröffnen möchten. Da eine Tür im Osten vorteilhaft für das Geschäftliche und den Aufbau von etwas Neuem ist sowie eine glänzende Zukunft in Aussicht stellt, eignet sie sich ausgesprochen gut als Eingang zu einem kommerziell genutzten Gebäude, besonders wenn man einen geschäftlichen Neuanfang wagt.

SÜDOSTEN

Durch eine im Südosten des Gebäudes liegende Tür kommt das Chi ins Haus, das den Bewohnern zu einem harmonischen Verlauf ihres Lebens verhilft. Mit dieser Energie können sie mehr Kreativität entfalten. Da das Chi aus dem Südosten mit Kommunikation in Verbindung gebracht wird, bringt eine dort angeordnete Tür für die Bewohner des Hauses gute Kontakte in der Gesellschaft und im Geschäftsleben mit sich. Eine Tür im Südosten ist generell der beruflichen und geschäftlichen Entwicklung förderlich, wenn auch nicht ganz so schnell oder intensiv wie eine Tür im Osten.

SÜDEN

Eine vom Gebäudezentrum in südlicher Richtung angeordnete Tür läßt jene Chi-Energie hereinströmen, die Ruhm,

Ansehen und Anerkennung in der Öffentlichkeit mit sich bringt. Die Bewohner eines solchen Gebäudes sehen ihren Erfolg möglicherweise darin, daß sie sich in der Fachwelt einen Namen machen. Mit der Chi-Energie aus dem Süden können sie ihre Intelligenz zur Entfaltung bringen. Das dürfte insbesondere Studenten zugute kommen. Häuser mit einer zum Süden gelegenen Tür bewirken, daß die Bewohner kontaktfreudiger und geselliger werden, und hier bietet sich die Ausrichtung von Partys förmlich an. In einem kommerziell genutzten Gebäude kann sich mit einer Tür im Süden Erfolg aufgrund guter Reputation einstellen. Die Oxford Street in London verläuft von Osten nach Westen. Die Läden auf der Nordseite der Straße haben ihre Eingänge allesamt nach Süden ausgerichtet, und in den meisten Fällen sind die Eingänge auch im Süden des Gebäudes angeordnet. Vergleicht man sie mit den Läden auf der Südseite mit ihren nach Norden orientierten Türen, so stellt man fest, daß die Läden mit den im Süden angeordneten Türen anhaltendere Erfolge registrieren und sich einen besseren Namen machen konnten. Durch eine im Süden liegende Tür kommt andererseits feurige, heiße Energie herein. Die Intensität dieser Energie kann dazu führen, daß die Bewohner größerem Streß ausgesetzt sind, mehr Auseinandersetzungen führen und es schließlich zu Trennungen und Scheidung kommen kann.

SÜDWESTEN

Eine Tür im Südwesten eines Gebäudes, also auf der dem Nordosten gegenüberliegenden Seite, erweist sich als ungünstig. Das aus dieser Richtung kommende Chi trägt maßgeblich zum wechselhaften und instabilen Fluß der gesamten Chi-Energie bei. Eine Tür im Südwesten gilt für alle Bewohner des Hauses als besonders gesundheitsschädlich. Die Chi-Energie des Südwestens ist nicht sonderlich schnell, und somit dürften Beruf und Geschäft einen eher langsamen Fortschritt nehmen.

WESTEN

Eine im Westen des Gebäudezentrums angeordnete Tür begünstigt Romantik und Vergnügen. Schon immer galt diese Himmelsrichtung als idealer Ort für die Tür zu einem Geisha-Haus. Eine Tür an dieser Stelle bringt jungen Frauen Glück. Die Chi-Energie des Westens wird von der sinkenden Sonne repräsentiert, und diese Energie ist normalerweise gesetzterer Art. Je mehr von diesem West-Chi ins Gebäude gelassen wird, desto zufriedener können sich die Bewohner im allgemeinen fühlen. Diese Zufriedenheit könnte allerdings auch zu geringerer Motivation bei ihnen führen. Eine Tür im Westen kann den Finanzen des Hauses entgegenkommen, aber auch überhöhten Ausgaben Vorschub leisten.

NORDWESTEN

Eine nordwestlich des Gebäudezentrums liegende Tür verleiht den Bewohnern des Hauses Respekt und Würde. Dadurch kann es für sie leichter werden, das Vertrauen ihrer Gemeinde zu gewinnen. Das Chi aus dem Nordwesten bringt die mit Führung, Organisation und Verantwortung einhergehenden Eigenschaften ins Haus. Diese Charakteristika wiederum kommen den Eltern in der Familie, ganz besonders natürlich dem Hauptverdiener, zugute. Traditionell ist die Anordnung einer Tür im Nordwesten des Gebäudezentrums für den Familienvater geradezu ideal, denn sie stärkt seine Position.

WASSER

Schon immer hat man der Lage eines Brunnens große Bedeutung in bezug auf Gesundheit, Reichtum und spirituelles Wohlergehen einer Familie beigemessen. Der Brunnen brachte das Leben selbst ins Haus – in Form von Trinkwasser. Gleichzeitig wird das Wasser mit dem Geist der Ahnen assoziiert. Findet man bezogen auf das Gebäudezentrum den idealen Ort für einen Brunnen, so birgt ein solches Wasser alle Kraft in sich, um jedem im Haus großes Glück zu bescheren.

In unserem Zeitalter ist es kaum mehr üblich, einen eigenen Brunnen mit Trinkwasserqualität zu haben. Der Begriff Wasser umfaßt heutzutage somit die Hauptwasserleitung zum Gebäude, das Badezimmer, die Toilette, die Spüle in der Küche, einen Teich, einen Swimmingpool, einen Brunnen, ein Aquarium sowie sonstige innenliegende Wasseranlagen. Große nahegelegene Gewässer wie Flüsse, Seen und das Meer sollten ebenfalls mit in die Betrachtung einfließen.

In vielen Feng-Shui-Schulen sagt man, Wasser bedeute Geld. Aus diesem Grund finden wir in asiatisch eingerichteten Häusern wie beispielsweise einem China-Restaurant auch so häufig ein Aquarium. In der Kompaßschule wird der Lage des Wassers jedwelcher Art große Bedeutung zugesprochen.

Es ist außerordentlich wichtig, daß das Wasser immer frisch bleibt. Ist es schmutzig oder stagniert es, kann sich daraus ein negativer Effekt auf die Strömung der Chi-Energie im Gebäude entwickeln.

Im nachfolgenden Teil unserer Beurteilung eines Gebäudes lokalisieren wir zunächst die Orte, wo Wasser anzutreffen ist, und untersuchen sodann, welche Auswirkung dies auf das Leben der Bewohner in dem betreffenden Teil des Gebäudes hat. Dazu wiederum müssen wir die genaue Lage des Wassers im Verhältnis zum Gebäudezentrum ermitteln. Für jede der acht Richtungen habe ich eine Beschreibung der Wirkung gegeben, die das Wasser dort ausübt.

NORDEN

Wasser im Norden des Gebäudezentrums ist hier in seinem eigenen Element – dem Wasser also. In dieser Hinsicht müßte es somit eigentlich eine neutralisierende Wirkung haben. Die Chi-Energie des Nordens ist jedoch für gewöhnlich kalt, ruhig und still. Hier läßt sich Feuchtigkeit und Nässe nur schwer vertreiben. Daher ist der nördliche Teil eines Gebäudes nicht gerade günstig für die Anordnung eines Badezimmers. Ständige Feuchtigkeit im Norden kann zu einer verstärkten Krankheitsneigung führen.

NORDOSTEN

Am wenigsten wünschenswert ist Wasser im nordöstlichen Teil eines Gebäudes oder in nordöstlicher Richtung vom Gebäudezentrum. Das Wasser-Chi verbindet sich nicht gut mit der Erde, dem Fünf-Elemente-Chi des Nordostens. Nach der Fünf-Elemente-Theorie vernichtet das Erd-Chi das Wasser-Chi, sofern nicht ausreichend Metall-Chi vorhanden ist. Von allen Wasseranlagen würden Badezimmer oder Toilette den Bewohnern am meisten schaden, wenn ihre Anordnung im Nordosten erfolgt. Das Chi im Nordosten ändert rasch seine Richtung, und plötzliche Wasserbewegungen wie beispielsweise die Toilettenspülung verstärken diese Unbeständigkeit der Energie nur noch. Für die Bewohner erwachsen daraus jähe und unerwartete Veränderungen im Leben. Toiletten und Badezimmer in dieser Lage beeinträchtigen zudem auch die Gesundheit.

OSTEN

Das Wasser-Chi unterstützt das Holz-Chi im Osten. Im allgemeinen wird Wasser im Osten als günstig angesehen. Somit bietet sich diese Richtung förmlich für eine Küche, einen Teich oder Swimmingpool, einen Brunnen oder Wasseranlagen für den Innenbereich wie ein Aquarium an. Hier bietet sich auch die Einführung der Hauptversorgungsleitung zum Gebäude oder Grundstück an. Da das Wasser in diesem Bereich die Chi-Energie des Ostens zusätzlich verstärkt, profitieren die Bewohner in beruflicher Hinsicht, entfalten größere Aktivität und die Fähigkeit, die Träume ihres Lebens Wirklichkeit werden zu lassen. Es gibt unterschiedliche Meinungen darüber, ob man im östlichen Gebäudebereich ein Badezimmer oder eine Toilette anordnen sollte. Ich bin der Ansicht, daß es weniger schädlich ist, eine Toilette im Osten zu planen als im Süden, Südwesten, Westen, Norden oder Nordwesten. Das hängt jedoch stark von der Beschaffenheit der Toilette beziehungsweise des Badezimmers selbst ab. Eine Toilette ohne Fenster und somit ohne natürlichen Lichteinfall und Frischluftzufuhr ist weitaus problematischer in seiner Anordnung als eine Toilette mit Sonnenlicht und Fenster, das man öffnen kann. Es ist heute gängige Praxis, Toiletten und Badezimmer in Wohnungen und modernen Häusern räumlich so anzuordnen, daß sie nicht an eine Außenwand grenzen. Ohne Licht und frische Luft ist es aber viel schwieriger, einer Verdichtung der stagnierenden Chi- Energie vorzubeugen – und zwar um so mehr, wenn das Badezimmer feucht und überladen ist. Ein solcher Umstand wirkt sich übrigens immer negativ aus, ganz gleich wo Toilette und Badezimmer auch immer liegen mögen.

SÜDOSTEN

Die Chi-Energie im Südosten ist ebenfalls mit dem Holz-Chi assoziiert und, wie schon gesagt, vom Wasser-Chi unterstützt. Hier in dieser Richtung wird durch Wasser eine Chi-Energie aufgebaut, die den Bewohnern Kontaktfreudigkeit, Kreativität und die Fähigkeit schenkt, ihr Leben harmonisch zu gestalten. Im Vergleich zum Wasser im Osten ist hier der Effekt jedoch weitaus subtiler. Der Südosten eignet sich für alle oben aufgeführten Wasseranlagen, wobei bezüglich des Badezimmers und der Toilette die oben angeführten Einschränkungen gelten.

SÜDEN

Die Chi-Energie des Wassers steht der im südlichen Teil eines Gebäudes anzutreffenden Chi-Energie des Feuers diametral entgegen. Ist nicht ausreichend Holz-Chi vorhanden, wird das Wasser-Chi die Chi-Energie des Südens vernichten. Wenn die zuvor aufgeführten Wasseranlagen also im Süden angeordnet sind, gilt dies generell als schädlich. Die Bewohner eines solchen Gebäudes sind anfälliger für rechtliche Anfeindungen, verlieren eher Ruf und Ansehen und können zudem gesundheitliche Schäden davontragen, wobei insbesondere die Augen und das Herz betroffen sind.

SÜDWESTEN

Die Chi-Energie im Südwesten wird mit dem Erd-Chi in Verbindung gebracht. Dieses vermag das Wasser-Chi zu vernichten, wenn nicht genug Metall-Chi vorhanden ist. Deshalb ist es nicht ratsam, Wasseranlagen im Südwesten zu haben. In der östlichen Medizin gilt das mit den Nieren eines Menschen assoziierte Wasser-Chi als die Quelle der Chi-Energie. Es spendet die vitale Kraft für alle anderen Chi-Elemente. Gibt es südwestlich des Gebäudezentrums Wasser, so vernichtet die mit dem Wasser einströmende Energie das Erd-Chi des Südwestens. Die Bewohner eines solchen Gebäudes können schwere Erkrankungen erleiden.

WESTEN

Das vom Gebäudezentrum aus im Westen anzutreffende Chi wird dem Metall zugeordnet. Wasser im westlichen Bereich eines Gebäudes kann dazu führen, daß dem Westen das Metall-Chi entzogen wird. Das passiert meiner Meinung nach immer dann, wenn das Badezimmer oder die Toilette im Westen angeordnet sind. Ist dies der Fall, sehen sich die Bewohner finanziellen Verlusten stärker ausgesetzt und haben vielleicht auch Probleme im Liebesleben.

NORDWESTEN

Wasser im Nordwesten hat einen ähnlichen Effekt wie im Westen; die Gebäudezufuhrleitung könnte sich an dieser Stelle trotzdem als vorteilhaft erweisen, denn sie harmoniert mit dem Chi des Nordwestens. Ich würde jedoch weder Toilette noch Badezimmer hier anordnen, denn daraus könnten sich Schwächen in bezug auf die Organisation, Verantwortung und vorausschauende Planung ergeben.

Das gleiche Verfahren läßt sich auch auf andere charakteristische Gebäudemerkmale übertragen. Man untersucht also zunächst die von dem betreffenden Merkmal ausgehenden Einflußfaktoren, um anschließend zu beurteilen, inwieweit sich diese im einzelnen auf die in jeder der acht Richtungen vorherrschende Chi-Energie auswirken. In einem Gebäude würde ich normalerweise folgende Punkte einer kritischen Betrachtung unterziehen: offene Kamine (Feuer-Chi), Tresore (Metall-Chi) und hohe Pflanzen (Holz-Chi). Von Treppen und Fenstern gehen ähnliche Wirkungen wie von Türen aus.

9
Ortswechsel – Wohin und Wann?

Bei der Untersuchung der Frage, wie sich das Leben meiner Klienten nach einem Wohnungswechsel beziehungsweise einer Geschäftsverlagerung verändert hat, bin ich zu der Erkenntnis gelangt, daß Zeitpunkt und Richtung eines Umzugs dabei wohl die größte Rolle spielen. Stellen wir uns einmal vor, wir müßten einen Baum umpflanzen. Dazu müssen wir ihn zunächst aus dem Boden lösen und ihn dann so bewegen, daß er keinen großen Schaden erleidet; darüber hinaus müssen wir ihn in der richtigen Jahreszeit verpflanzen, damit er sich in seiner neuen Umgebung eingewöhnen und heimisch werden kann, und schließlich müssen wir sicherstellen, daß er in eine Bodenart gesetzt wird, in der er sich gut entwickeln kann. Sind alle Bedingungen optimal, wird der Baum in seiner neuen Umgebung wachsen und gedeihen. Bei den Menschen verhält es sich nicht anders. Wo immer wir sind, verbindet sich unsere eigene Chi-Energie mit dem Chi des Umfeldes auf dieselbe Weise, wie die Wurzeln eines Baumes lernen, sich in der Erde ringsum anzupassen und sich dort einzuleben.

Das örtliche Chi beeinflußt die Bewegung unserer eigenen Chi-Energie, und die wiederum wirkt auf unsere Gedanken, Emotionen und Vorstellungen. Ich glaube, daß dies eine Erklärung dafür ist, warum es in bestimmten Teilen eines Kontinentes, Landes oder einer Stadt Gebiete gibt, in denen viele Menschen mit großem Erfolg die gleiche Art von Arbeit verrichten. Ich habe mich ausführlich mit Geschichtsbüchern und Chroniken über jenen Teil Londons befaßt, in dem ich jetzt wohne, nämlich Primrose Hill; und es ist wirklich faszinierend festzustellen, wie viele berühmte Schriftsteller im neunzehnten Jahrhundert in dieser kleinen Gemeinde lebten. Unweit von hier hatte sich eine ganze Reihe von Betrieben niedergelassen, die Klaviere herstellten und reparierten; und weiter zum Westen hin hatten sich die reicheren Kaufleute angesiedelt. Vermutlich hat das örtlich vorherrschende Chi die Aktivitäten der damaligen Menschen derart begünstigt, daß diese Gemeinden in ihrem Berufsfeld über eine lange Zeit in der Geschichte so erfolgreich hatten sein können.

Wenn wir einen Ort verlassen, ist das fast so, als ob wir im wahrsten Sinne des Wortes unsere Wurzeln aus dem Erdreich reißen würden. Wir nehmen unsere eigene Chi-Energie aus der uns so vertrauten örtlichen heraus.

Bei einem Ortswechsel hängt es von der Richtung und dem Zeitpunkt ab, ob und wie sich unsere eigene Chi-Energie mit der neuen, in die wir unsere Wurzeln schlagen wollen, verbindet. Würden wir beispielsweise den Ozean mit einem Segelboot überqueren wollen, um in Übersee ein neues Leben zu beginnen, müßten wir zunächst die Gezeiten, die Wasserströmungen, die Richtung der vorherrschenden Winde und alle örtlichen Abweichungen studieren. Angenommen wir hätten unsere Hausaufgaben gut gemacht, könnten wir Tag und Uhrzeit unserer Reise festlegen, damit Wind und Wasser uns auch tatsächlich in unseren Bestimmungshafen tragen. Würden wir alles dem Zufall überlassen, könnten uns Winde und Gezeiten wieder ans Ufer zurückwerfen oder an einen völlig anderen Ort bringen. Indem wir den optimalen Zeitpunkt für eine Reise oder einen Umzug in eine bestimmte Richtung wählen, können wir effektiv unsere eigene Chi-Energie in positiver Weise aufladen.

Und denken wir beispielsweise einmal darüber nach, wie wichtig die Zeitplanung auch für die Aussaat ist. Suchen wir uns eine ideale Wetterlage und Jahreszeit dafür aus, so wird der Samen viel bessere Chancen zum Gedeihen haben. Nach meiner Erfahrung trifft das auch für uns Menschen zu. Mit dem Umzug in ein neues Haus oder dem Wechsel des Arbeitsplatzes kann eine Bereicherung des Lebens einhergehen, so daß wir gleichsam wie eine gesunde Pflanze aufblühen. Sind Richtung und Zeitpunkt ungeschickt gewählt und stehen sie nicht mit unserem eigenen Chi im Einklang – einem Samen gleich, der zu einer unpassenden Jahreszeit ausgesät wird –, welken wir möglicherweise dahin. Haben wir Träume, was wir mit unserem Leben anfangen wollen, liegt das Geheimnis ihrer Erfüllung darin, den Samen für diese Träume zu einer Zeit und an einem Ort zu säen, wo er wachsen und gedeihen und somit zu etwas Realem für uns werden kann.

Wie sich ein Ortswechsel auf das Leben eines Menschen auswirkt, läßt sich anhand seiner persönlichen Neun-Ki-Jahreszahl ermessen, die das Wesen der individuellen Chi-Energie offenbart; aus der Neun-Ki-Jahrestafel ist zu ersehen, welche Chi-Energieart in dem betreffenden Jahr in jeder der acht Richtungen vorherrscht. Es geht nun darum zu prüfen, wie die Chi-Energie der Richtung, in die jemand ziehen, und die Chi-Energie, aus der der Betreffende sich lösen möchte, seine eigene Chi-Energie beeinflußt. Das gleiche Prinzip wird zur Ermittlung des besten Monats und Tages für einen Ortswechsel angewandt. Die Chi-Energie des Jahres übt den stärksten Einfluß aus, besonders wenn größere Entfernungen zu überbrücken sind oder ein Wohnungs- beziehungsweise Geschäftsumzug ansteht. Bei Kurzreisen, das heißt Ortswechseln von weniger als einem Monat Dauer, geht von dem betreffenden Monat und Tag die größte Wirkung aus. Deshalb ist es ratsam, im Vorfeld einen erfahrenen Berater zu konsultieren. Um dieses Kapitel verständlicher zu machen, werde ich mich hier ausschließlich auf die Einflüsse der Neun-Ki-Jahrestafeln konzentrieren.

Vor einigen Jahren wurde ich von einem Paar zur Feng-Shui-Beratung hinzugezogen. Er war Rechtsanwalt und sie Schauspielerin. Beide waren relativ erfolgreich in ihrem Zuhause im Westen Londons gewesen. Sie hatten sich jedoch dazu entschlossen, in den östlichen Teil der Stadt umzuziehen. Die beruflichen Aktivitäten des Mannes erlebten daraufhin einen regelrechten Aufschwung, während die Karriere der Frau ganz und gar zum Erliegen kam. Er wurde zum Teilhaber in der Firma und war für Vertragsrecht zuständig. Im Vergleich zu den anderen Abteilungen wuchs sein Bereich in viel rasanterem Tempo. Sie aber bekam zu ihrem Leidwesen keine neuen Angebote für Engagements mehr, und es fiel ihr zunehmend schwer, mit dem Schreiben des Buches fortzufahren, das sie begonnen hatte. Ihre Pechsträhne ließ sich nicht allein mit dem Feng Shui des Hauses erklären, denn ihr Mann war ja seit dem Umzug mehr als erfolgreich in seinem Beruf gewesen. Bei der Überprüfung der Einflüsse von Zeit und Richtung des Umzugs aus dem früheren in das jetzige Haus stellte sich heraus, daß dieser Ortswechsel für ihn besonders günstig, für sie hingegen schädlich war. Zu dem damaligen Zeitpunkt war der Umzug nach Osten geradezu ideal für seinen geschäftlichen Aufstieg, hingegen unheilvoll für ihren Beruf und ihre Karriere. In einer solchen Situation bieten sich verschiedene Lösungsmöglichkeiten an. Diejenige, für die sie sich entschied, verhalf ihr auch zur erfolgreichen Fertigstellung ihres Buches.

Nach den gleichen Prinzipien kann verfahren werden, wenn der optimale Zeitpunkt für eine Renovierung oder einen Umbau des Hauses beziehungsweise Gebäudekomplexes zu ermitteln ist. Meine Klienten haben über ganz unterschiedliche Erfahrungen in diesem Zusammenhang berichtet: Manche sind nach Erweiterung ihres Hauses auf unerwartete Schwierigkeiten gestoßen, andere hingegen konnten nach Durchführung ähnlicher Projekte viele positive Veränderungen in ihrem Leben registrieren. Nachdem ich die Richtung des Anbaus, den Zeitpunkt der Realisierung und die Neun-Ki-Tafeln der Bewohner studiert hatte, konnte ich besser verstehen, warum dies geschah und entsprechende Empfehlungen geben.

Ich werde jetzt erläutern, wie man

- ✧ den besten Zeitpunkt für einen Umzug in eine bestimmte Richtung ermittelt,
- ✧ die günstigste Richtung in einem bestimmten Jahr für eine bestimmte Person errechnet,
- ✧ die Auswirkungen früherer Umzüge bewertet und
- ✧ wann der Chi-Energiefluß in einem Gebäudeteil verändert werden soll.

Dazu müssen Sie die persönliche Neun-Ki-Jahreszahl und die Neun-Ki-Tafel für das Jahr des Umzugs kennen. In Kapitel 4 können Sie diese beiden Werte finden. Wer beispielsweise am 4. Februar 1963 nach 20.17 Uhr (GMT) und vor 02.08 Uhr (GMT) am 5. Februar 1964 geboren ist, hat die Neun-Ki-Jahreszahl 1. Wer die Auswirkungen eines Ortswechsels am 4. Februar 1998 nach 08.01 Uhr (GMT) und vor 13.51 Uhr (GMT) am 4. Februar 1999 wissen möchte, muß die Neun-Ki-Tafel mit der 2 in der Mitte zugrunde legen.

Die Methode ist die gleiche, die Sie für die Bestimmung der acht Richtungen bei einem Gebäude kennengelernt haben. Nehmen Sie dafür eine Landkarte zur Hand und markieren darin Ihr jetziges Haus mit einem X. Nun ziehen Sie eine Linie, die von Ihrem Haus aus genau nach Norden verläuft. Fürs erste können Sie ruhig die Richtung zum oberen Rand der Karte als wirklichen Norden nehmen. Jetzt zeichnen Sie die acht Richtungen ein oder legen das Transparentpapier mit den acht Richtungen darüber und zwar dergestalt, daß die Mitte der Kompaßrose über Ihrem Haus liegt und der Norden auf dem Transparentpapier mit dem Norden auf der Landkarte übereinstimmen. Notieren Sie sich die Richtung des vorgesehenen Umzugs.

SCHÄDLICHE UMZÜGE

Im Folgenden werden sechs verschiedene Fälle von Ortswechseln beschrieben, die Schaden bringen können. Davon könnten die vier ersten potentiell am meisten Unheil anrichten.

AUF DIE POSITION 5 ZU

Wenn man in eine Richtung zieht, durch die man auf die Position 5 der Neun-Ki-Jahrestafel zugeht, so bewegt man sich einer großen Kraft entgegen. Da diese Kraft auch destruktive Wirkung haben kann, verbindet sich mit einem Umzug in diese Richtung immer ein ungeheures Risiko. In einem Jahr mit der 2 in der Mitte der Neun-Ki-Tafel befindet sich beispielsweise die Chi-Energie der Zahl 5 im Nordosten. Ungeachtet der persönlichen Neun-Ki-Jahreszahl würde man sich bei einem Umzug in Richtung Nordosten immer auf die Chi-Energie 5 zubewegen (siehe Abbildung 20). In einem Jahr mit der Chi-Energie 5 in der Mitte der Tafel kann sich niemand auf die 5 zubewegen. Wenn man sich auf die Chi-Energie 5 in einem bestimmten Jahr zubewegt und die persönliche Neun-Ki-Jahreszahl ebenfalls 5 lautet, begibt man sich damit in eine Richtung, die sowohl auf die 5 als auch auf die persönliche Neun-Ki-Jahreszahl zuläuft. Dadurch könnte der Ortswechsel unter Umständen noch größeren Schaden anrichten.

Das durch die 5 repräsentierte Chi ist die wohl stärkste und mächtigste Energieart unter den neun Chi-Varianten. Da sie sowohl produktiv als auch destruktiv sein kann, wird das Risiko eines Umzugs in diese Chi-Energie hinein allgemein als gefährlich eingestuft. Ein solcher Ortswechsel kann die Gesundheit ruinieren oder den Niedergang des Geschäfts beziehungsweise der beruflichen Karriere zur Folge haben. Es heißt, daß dieser Prozeß einen langsamen Verlauf nimmt, weil sich destruktive Kräfte allmählich aufbauen.

SICH VON DER 5 ENTFERNEN

Ein Umzug in eine in einem bestimmten Jahr von der Position 5 wegführende Richtung bedeutet, sich vom Kraftzentrum selbst zu entfernen. In einem Jahr, in dem die 2 in der Mitte der Neun-Ki-Tafel steht, würde sich also jeder ungeachtet seiner persönlichen Neun-Ki-Jahreszahl in eine von der 5 weglaufenden Richtung begeben, wenn er nach Südwesten zieht (siehe Abbildung 20). In einem Jahr mit der Chi-Energie 5 in der Mitte kann sich niemand von der 5 wegbewegen. Lautet die persönliche Neun-Ki-Jahreszahl 5, würde ein von der Chi-Energie 5 in einem bestimmten Jahr wegführender Umzug bedeuten, daß man sich in eine Richtung begibt, die sich sowohl von der 5 als auch von der persönlichen Neun-Ki-Jahreszahl entfernt. Dadurch könnte der Ortswechsel unter Umständen noch mehr Schaden anrichten.

Bewegt man sich von der Chi-Energie 5 weg, so entfernt man sich gleichzeitig auch von dieser machtvollen und potentiell destruktiven Kraft. Auch dies gilt als gefährlich und mit unnötigen Risiken behaftet. Entfernt man sich von einer solchermaßen kraftvollen Konzentration an Chi-Energie, läuft man Gefahr, das eigene Chi zu schwächen. Ein derartiger Umzug kann uns anfälliger für Unfälle, Verletzungen und Raubüberfälle machen.

Sowohl mit dem Wegbewegen von der 5 als auch dem Hinbewegen auf die 5 gehen unterschiedliche Auswirkungen einher; das hängt davon ab, wo die 5 in dem betreffenden

Hinbewegung auf die persönliche Neun-Ki-Jahreszahl 1

Fünf Elemente 1 und 6 harmonieren miteinander

Fünf Elemente 1 und 8 harmonieren miteinander

Wegbewegung von der 5

Wegbewegung vom Jahrestier

Fünf Elemente 1 und 9 harmonieren nicht miteinander

Fünf Elemente 1 und 4 harmonieren miteinander

Hinbewegung auf die 5

Fünf Elemente 1 und 3 harmonieren miteinander

Fünf Elemente 1 und 5 harmonieren nicht miteinander

Wegbewegung vom Monatstier

Fünf Elemente 1 und 7 harmonieren miteinander

Wegbewegung von der persönlichen Neun-Ki-Jahreszahl 1

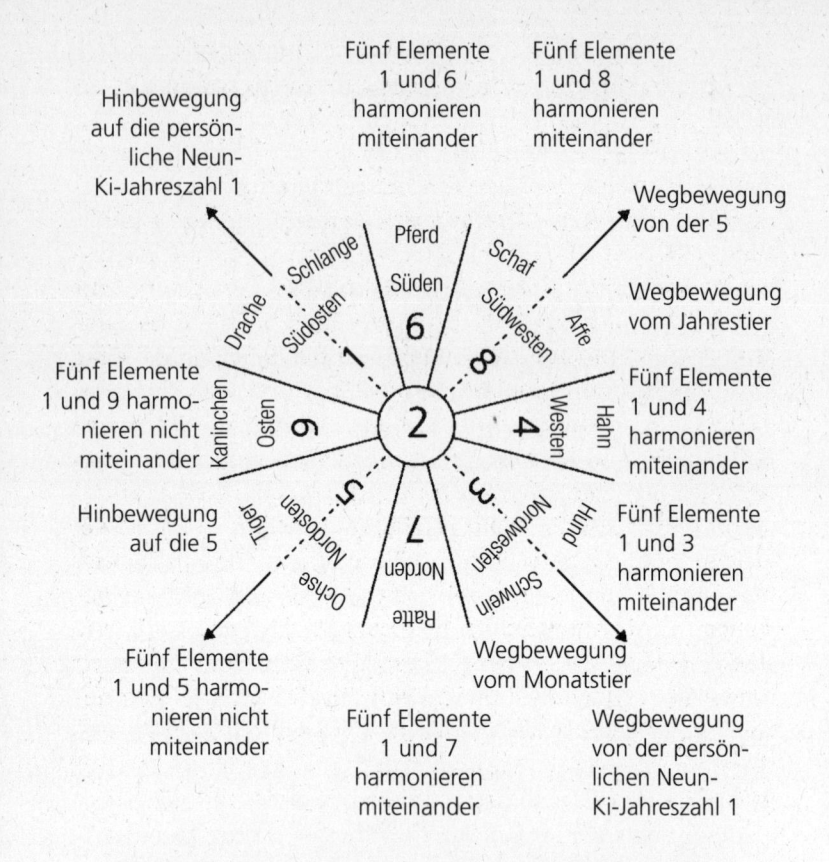

Abb. 20 Beispiel eines Menschen mit der Neun-Ki-Jahreszahl 1, der in einem Jahr der Zwei – also mit der 2 in der Mitte – umzieht.

Jahr steht. Bewegt man sich beispielsweise auf die 5 zu, wenn diese im Westen steht, wird das eine andere Wirkung haben, als wenn die 5 im Osten steht. Steht die 5 im Westen, sind Reichtum und Liebesleben davon betroffen, steht die 5 hingegen im Osten, wird der Einfluß Beruf und Karriere eines Menschen berühren.

SICH IN RICHTUNG DER PERSÖNLICHEN NEUN-KI-JAHRESZAHL BEWEGEN

Schauen Sie sich die Tafel des Jahres an, in dem Sie umziehen möchten. Vermeiden Sie tunlichst, sich auf Ihre persönliche Neun-Ki-Jahreszahl zuzubewegen. Wenn beispielsweise jemand mit der Neun-Ki-Jahreszahl 1 in einem Jahr mit der 2 in der Mitte der Neun-Ki-Tafel in Richtung Südosten ziehen möchte, bewegt er sich auf seine persönliche Neun-Ki-Zahl zu (siehe Abbildung 20).

Steht die persönliche Neun-Ki-Zahl in der Mitte der Neun-Ki-Tafel des betreffenden Jahres, kann man sich nicht in eine Richtung begeben, die auf einen selbst zuläuft. Im Prinzip kommt eine solche Bewegung dem Versuch gleich, zwei gleichpolige Magnete einander berühren zu lassen. Zwingt man die eigene Chi-Energie in eine Richtung, die in dem betreffenden Jahr die gleiche Chi-Energie aufweist, wird eine starke Reaktion stattfinden. Das kann zu gesundheitlichen Beeinträchtigungen und ständigem Streß oder großer innerer Unrast führen. Das Leben verläuft nicht glatt und problemlos, vielmehr erfordern scheinbar ganz einfache Dinge plötzlich viel mehr Zeit und Energie als sonst.

SICH VON DER PERSÖNLICHEN NEUN-KI-JAHRESZAHL WEGBEWEGEN

Sich von der persönlichen Neun-Ki-Jahreszahl wegzubewegen, gilt ebenfalls als potentiell schädlich. Schauen wir also wieder auf die Tafel des Jahres, in dem der Umzug stattfinden soll und ermitteln die persönliche Neun-Ki-Jahreszahl des Betreffenden. In einem Jahr der Zwei, wenn also 2 in der Mitte der Neun-Ki-Tafel steht, würde sich beispielsweise jemand mit der Neun-Ki-Jahreszahl 1 von seinem eigenen Chi wegbewegen, wenn er in Richtung Nordwesten zöge (siehe Abbildung 20). Steht die persönliche Neun-Ki-Jahreszahl in der Mitte der Neun-Ki-Tafel für das betreffende Jahr, kann man sich nicht in eine Richtung begeben, die von der eigenen Chi-Energie wegführt.

Will man sich aus einer Richtung wegbewegen, die die gleiche Chi-Energie aufweist wie die eigene, wäre das etwa so, als wollte man einen Teil seiner Selbst zurücklassen. Die Menschen, denen ich begegnet bin und die einen solchen Ortswechsel hinter sich hatten, beschrieben mir das Phänomen mit einem Verlust an Selbstvertrauen. Das kann dazu führen, daß man die Orientierung verliert und unfähig wird, sein Leben in die Hand zu nehmen.

SICH VOM JAHRESTIER WEGBEWEGEN

Um diese Berechnung anstellen zu können, muß ich die zwölf chinesischen Tiere oder Tierkreiszeichen mit in die Betrachtung einbringen. Abbildung 21 veranschaulicht die Standard-Neun-Ki-Tafel mit der 5 in der Mitte und den zwölf Tieren in ihrer jeweiligen Position auf der Tafel. Die zwölf Tiere bleiben ungeachtet des Jahres immer in dieser festgelegten Position. In jedem Jahr übernimmt eines dieser Tiere die »Herrscherrolle«. Ich habe die entsprechenden Jahre von 1996 an auf der Abbildung 21 vermerkt. 2002 beispielsweise übernimmt das Pferd vom 4. Februar, 09.20 Uhr (GMT), an die Herrscherrolle für das betreffende Jahr. Das Pferd ist immer im Süden angeordnet, und so weist der Süden 1990 auch eine zusätzliche Energiekonzentration auf. Im darauffolgenden Jahr 2003 ist das Schaf das Tier mit der stärksten Energie. Das Schaf befindet sich im Südsüdwesten, und mithin ist diese Richtung von einer besonderen Chi-Energiekonzentration geprägt. Jedes Jahr wird von einem bestimmten Tier symbolisiert und im darauffolgenden Jahr von dem im Uhr-

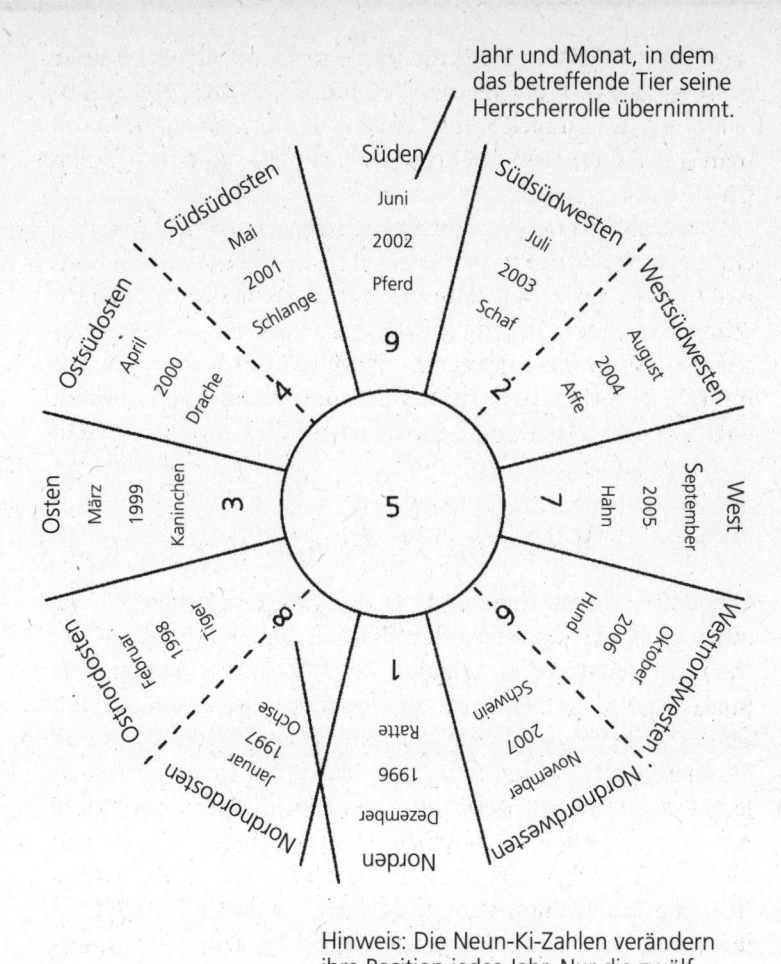

Abb. 21 Die Standard-Neun-Ki-Tafel mit der 5 in der Mitte und den zwölf Tieren in ihrer jeweiligen Position

zeigersinn nächsten Tier in seiner Herrscherposition abgelöst. Also ist 2004 das Jahr des Affen, 2005 das Jahr des Hahns, 2006 das Jahres des Hundes, 2007 das Jahr des Schweins, 2008 das Jahr der Ratte und so weiter. Die Jahre, in denen die zwölf Tiere jeweils ihre Herrscherrolle übernehmen, entsprechen nicht dem Zyklus der Neun-Ki-Zahlen. Die in Abbildung 21 angegebenen Jahreszahlen gelten nur für die zwölf Tiere.

Sich von dem jahresbeherrschenden Tier wegzubewegen würde bedeuten, in eine Richtung zu gehen, die einen Mangel an Energie mit sich bringt. 1998 ist beispielsweise das Jahr des Tigers. Der Tiger befindet sich immer im Ostnordosten. Wer also 1998 nach Westsüdwesten zieht, bewegt sich damit in eine Richtung, die einen Mangel an Chi-Energie aufweist; das gilt unabhängig von der persönlichen Neun-Ki-Jahreszahl.

Wenn man sich vom Chi des jahresbeherrschenden Tieres wegbewegt, kann sich das negativ auf die eigene Chi-Energie auswirken; das kann insbesondere auch zu Auflösungs- und Zerfallserscheinungen führen: eine Beziehung könnte in die Brüche gehen, jemand trennt sich von der Familie oder geschäftliche Verhandlungen scheitern und Verträge werden aufgelöst.

SICH VOM MONATSTIER WEGBEWEGEN

In Abbildung 21 erscheint auch der mit jedem einzelnen Tier assoziierte Monat. Diese Anordnung ist festgelegt, so daß also Dezember immer der Monat der Ratte ist, Januar immer der Monat des Ochsen, Februar der des Tigers und so fort. Der Monatsbeginn stimmt nicht mit dem in der westlichen Welt bekannten Datum überein, sondern fällt je nach Monat und Jahr zwischen den 3. und 9. Die entsprechenden Tabellen sind in Neun-Ki-Fachbüchern oder in der einschlägigen Literatur über fernöstliche Astrologie enthalten.

Im Prinzip gilt hier das gleiche wie für die Wegbewegung vom Jahrestier. Wer im Dezember in Richtung Süden zieht, entfernt sich damit von der Ratte, dem Tier des Monats. Ungeachtet der persönlichen Neun-Ki-Jahreszahl wird ein solcher Ortswechsel im Grunde den gleichen Effekt haben wie ein Sichwegbewegen vom Jahrestier; allerdings wäre der Einfluß hier etwas geringer und nur vorübergehender Natur.

Es stellt sich nun die Frage, auf welche Richtung man sich zubewegen soll, um für das eigene Leben den größtmöglichen Nutzen zu ziehen. Die Antwort lautet: Man soll sich möglichst auf eine Zahl zubewegen, deren Fünf-Elemente-Chi mit der eigenen Fünf-Elemente-Chi-Energieart harmoniert. Bleiben wir bei unserem Beispiel eines Jahres mit der 2 in der Mitte und einer Person mit der Neun-Ki-Jahreszahl 1, um die für sie in dem betreffenden Jahr günstigen Richtungen herauszufinden (siehe Abbildung 20).

Behalten wir die Neun-Ki-Tafel mit der 2 in der Mitte im Auge, während ich die verschiedenen Auswirkungen eines Ortswechsels in jede Richtung beschreiben werde. Die Zahlen unterscheiden sich in ihrer Position gegenüber der Standard-Tafel, die Richtungen hingegen behalten immer dieselbe Stellung auf dem Schema bei. Der Norden ist immer unten, der Osten links, der Süden oben und der Westen rechts.

Nehmen wir an, die Person in unserem Beispiel würde sich gen Norden bewegen; damit ginge sie von der 6 im Süden weg und auf die 7 im Norden zu. Als nächstes befassen wir uns mit den potentiell gefährlichen Bewegungen. Da die persönliche Neun-Ki-Jahreszahl in unserem Beispiel 1 lautet, bewegt sich der Betreffende weder von sich selbst weg noch auf sich selbst zu. Er bewegt sich auch nicht auf die 5 zu oder von ihr weg. Gehen wir von 1998, dem Jahr des Tigers, aus, so bewegt er sich auch nicht vom Jahrestier weg. Angenommen, der Umzug findet im Mai, dem Monat der Schlange, statt, so bewegt er sich auch nicht vom Monatstier weg. Keine der sechs gefährlichen Richtungen trifft also bei unserem Beispiel zu. Jemand mit der Neun-Ki-Jahreszahl 1 hat die mit Wasser assoziierte Chi-Energie. Bei der 2 in der Mitte steht die 7 im Norden. Die Zahl 7 symbolisiert die Fünf-Elemente-Chi-Energie des Metalls. Metall- und Wasser-Chi harmonieren gut miteinander. Somit würde ich einen solchen Ortswechsel positiv bewerten.

Würde die betreffende Person in Richtung Nordosten ziehen, bewegt sie sich auf die 5 zu und damit in eine destruktive Richtung. In einem solchen Fall rate ich von einem Umzug ab, ebenso wie von irgendwelchen Umbauten am Haus im vom Zentrum des Gebäudes gesehenen nordöstlichen Teil.

Bei einem Umzug in Richtung Osten, würde sich die Person in unserem Beispiel von der 4 weg und auf die 9 zubewegen. Sie bewegt sich weder auf die 5 zu, noch von ihr weg, weder auf ihre persönliche Neun-Ki-Jahreszahl (1) zu noch von ihr weg, und weder vom Jahrestier (Tiger) noch vom Monatstier (Schlange) weg. Bis jetzt können wir also davon ausgehen, daß es für eine Person mit der Neun-Ki-Jahreszahl 1 ungefährlich sein wird, im Mai 1998 in Richtung Osten zu ziehen. Sie bewegt sich aber auf die 9 zu, die das Feuer symbolisiert. Das mit der Zahl 1 assoziierte Wasser-Chi harmoniert nicht gut mit dem Feuer-Chi, also wäre dies letztlich doch kein erstrebenswerter Ortswechsel.

Würde die Person nach Südosten ziehen, würde sie sich von der 3 weg und auf die 1 zubewegen. Da ihre persönliche Neun-Ki-Jahreszahl 1 lautet, würde sie sich auf sich selbst zubewegen. Hinzu käme, daß sie sich damit auch von dem Monatstier (Mai – Schlange) entfernen würde. Es wäre also auch in diesem Falle kein günstiger Ortswechsel.

Ein Umzug in Richtung Süden würde bedeuten, daß sich die Person in unserem Beispiel auf die 6 zubewegt und damit von der 7 weg. Sie bewegt sich nicht auf sich selbst zu oder von sich selbst weg, auch nicht auf die 5 zu oder von ihr weg und weder vom Jahres- noch vom Monatstier weg. Da die 6 auch mit der Metall-Chi-Energie assoziiert ist und mit dem Wasser-Chi der Zahl 1 gut harmoniert, könnte man hier von einem positiven Ortswechsel sprechen.

Mit einem Umzug in Richtung Südwesten würde sich die Person von der 5 weg- und auf die 8 zubewegen. Bei dieser Konstellation würde sie sich also von der 5 entfernen und damit anfälliger für Unfälle machen. Darüber hinaus würde sie sich auch vom Jahrestier, dem Tiger, wegbewegen. Alles in allem würde ich einen solchen Ortswechsel als besonders schädlich ansehen.

Bei einem Umzug in Richtung Westen bewegt sich die betreffende Person von der 9 weg und auf die 4 zu. Sie geht nicht auf sich selbst zu oder von sich selbst weg, weder auf die 5 zu noch von ihr weg, und auch nicht vom Jahres- beziehungsweise Monatstier weg. Die Zahl 4 steht ihrer Position auf der Standard-Tafel nicht gegenüber. Da die 4 auch mit der Holz-Chi-Energie assoziiert ist und sich diese gut mit dem Wasser-Chi der Zahl 1 verträgt, wäre dies also ein positiver Ausgangspunkt für einen Ortswechsel.

Bei einem Umzug in Richtung Nordwesten, würde sich die Person aus unserem Beispiel von der 1 weg- und auf die 3 zubewegen. Sie würde also von sich selbst weggehen und sich darüber hinaus vom Monatstier, der Schlange in Südsüdostposition, entfernen. Dieser Ortswechsel stünde nicht unter einem glücklichen Stern.

Zusammenfassend kann also gesagt werden, daß jemand mit der Neun-Ki-Jahreszahl 1 im Monat Mai 1998 gut in Richtung Norden, Süden oder Westen ziehen könnte, wobei in jeder Richtung andere Einflüsse wirken. Lesen Sie meine Beschreibung der acht Richtungen in Kapitel 5 sorgfältig nach, um den Einfluß der jeweiligen Richtung feststellen und die Implikationen besser bewerten zu können. Im vorliegenden Fall kann unsere Person also nach Norden ziehen, um ruhiger und friedvoller zu werden, mehr Abgeschiedenheit und Unabhängigkeit zu erfahren und eine tiefere Spiritualität zu entfalten. Sicherlich eine Richtung, um von allem loszukommen und allein zu sein, jedoch weniger günstig, wenn man jung ist und sein Leben noch vor sich hat. Sie kann nach Süden ziehen, um kontaktfreudiger und extrovertierter zu werden, mehr Begeisterungsfähigkeit zu entwickeln und sich vielleicht sogar einen guten Namen zu machen oder berühmt zu werden. In einer Partnerschaft kann sich mit einem Umzug nach Süden jedoch die Neigung zu Auseinandersetzungen verstärken, was unter Umständen zu Trennung und Scheidung führt. Ein Umzug in Richtung Westen verspricht romantische Zeiten, größere finanzielle Erträge und mehr Zufriedenheit, ist aber auch mit der Gefahr verbunden, daß mit zunehmender Zufriedenheit die Antriebskraft auf der Strecke bleibt und sich am Ende alles nur noch um das eigene Vergnügen dreht. Alle diese vorgenannten Einflüsse ändern sich je nachdem, welche Zahl in der jeweiligen Richtung zum Zeitpunkt eines Ortswechsels steht. Man muß zunächst das Wesen der betreffenden Zahl bedenken und dann überlegen, welche der acht Positionen diese Zahl einnimmt. Das erfordert allerdings eine Menge Erfahrung und Praxis, und wenn man ganz sicher gehen will, sollte man zusätzlichen professionellen Beistand suchen.

Unter Berücksichtigung der Prioritäten im Leben eines einzelnen läßt sich stets die Richtung finden, die die von ihm benötigte Chi-Energieart am besten unterstützt und stärkt, damit sich der gewünschte Erfolg auch einstellt. Manchmal empfiehlt es sich, besser ein paar Jahre zu warten, bis sich die optimale Richtung für jemanden eröffnet.

Nachfolgend ein paar grundsätzliche Leitlinien für einen Umzug von A nach B:

- Als Ausgangspunkt zur Bestimmung der Umzugsrichtung dient stets der Ort, an dem man mindestens drei Monate gewohnt und geschlafen hat. Zwischen diesem Ort und dem neuen Wohnort wird eine Linie gezogen. Es handelt sich dabei nicht um die Route, über die man dorthin gelangt ist, sondern um die Verbindungslinie zwischen altem und neuem Wohnsitz. Sie dient als Grundlage zur Richtungsbestimmung.
- Um sich in dem neuen Chi-Energiefeld einleben zu können, muß man mindestens zwei, besser drei Monate lang jede Nacht am neuen Standort verbringen, sofern man im eigenen Land bleibt. So wie sich der Setzling nicht mit der neuen Erde verwurzelt, wenn man ihn immer wieder herausreißt, brauchen auch wir Menschen eine gewisse Zeit, um unsere Wurzeln zu schlagen.
- Je größer die Entfernung eines Umzugs, desto stärker und schneller werden die Wirkungen zutage treten.

Bei Reisen von weniger als sechs Wochen Dauer sollte man den besten Monat und Tag heraussuchen, selbst wenn die Richtung in dem betreffenden Jahr nicht günstig ist. Ich würde es generell vermeiden, mich auf die 5 zu- und von ihr wegzubewegen, und auch möglichst nicht auf meine persönliche Grundzahl zugehen oder mich von ihr entfernen.

Hierbei gelten die gleichen Grundsätze wie zuvor, allerdings muß man die Tage des Monatswechsels und die Chi-Energie eines jeden Tages genau kennen.

Bei Umbaumaßnahmen an Gebäuden gelten die gleichen Prinzipien. In meinen Feng-Shui-Abschlußberichten stelle ich bezüglich der Umsetzung meiner Empfehlungen immer mehrere Termine zur Wahl. Diese Empfehlungen beinhalten all die Dinge, die meiner Meinung nach den Chi-Energiefluß signifikant verbessern. Rate ich beispielsweise dazu, im Osten eines Gebäudes eine Wasseranlage zu installieren, werde ich auch angeben, welche Monate und Tage in einem bestimmten Jahr für die Ausführung der Arbeiten am vorteilhaftesten sind. Es gibt durchaus Situationen, in denen eine neue Wasseranlage im Osten den Chi-Energiefluß negativ beeinflussen könnte, beispielsweise wenn der Zeitpunkt der Installation nicht stimmt, weil die Neun-Ki-Zahl 5 im Osten steht. Der Ausspruch »Alles zu seiner Zeit und am rechten Ort« ist sehr tiefsinnig. Alles, was wir kennen, besteht aus Zeit und Raum. Wenn in den Empfehlungen nur die räumlichen Veränderungen berücksichtigt werden, überläßt man damit meiner Meinung nach die Auswirkungen der zeitlichen Durchführung dem puren Zufall.

Da das Jahr den größten Einfluß ausübt und alles andere den Umfang dieses Buches sprengen würde, möchte ich mich hier mit der Erstellung eines Jahreshoroskops begnügen und die Einflüsse der Monate und Tage außer acht lassen. Stellen Sie sich folgenden Fall vor: für 1997 wollen Sie die Bewegung der Chi-Energie in einem Gebäude mit Hilfe der Feng-Shui-Theorie verändern. Sie nehmen also die Tafel für 1997 mit der 3 in der Mitte und legen sie über das betreffende Gebäude. Nun untersuchen Sie die Zahlen der einzelnen Richtungen und konzentrieren sich dabei anfänglich ausschließlich auf die Stellung der Neun-Ki-Zahl 5. 1997 steht diese im Westen. Ich hätte daher davon abgeraten, irgendwelche Maßnahmen zu ergreifen, die den Fluß der Chi-Energie im östlichen Teil des Gebäudes auf die 5 zu oder im westlichen Teil des Gebäudes von der 5 weg nachhaltig verändert hätte. In dem betreffenden Jahr hätte man die geplanten Maßnahmen auf die anderen sechs Richtungen beschränken sollen. Im Jahr 1998 steht die 5 auf der Tafel mit der 2 in der Mitte im Nordosten. 1998 würde ich also vermeiden, die Chi-Energieströmung im Nordosten – in Richtung 5 – und im Südwesten – von der 5 weg – zu verändern.

In diesem Kapitel soll vor allem gezeigt werden, daß jeder

Mensch die Fähigkeit besitzt, den Fluß der eigenen Chi-Energie zu verbessern; er kann dies tun, indem er Richtung und Zeitpunkt eines Ortswechsels so wählt, daß das eigene Chi sowohl auf die neue Chi-Energie, in die er sich hineinbegibt, als auch auf das alte Chi-Energiefeld, das er verläßt, positiv reagiert. Durch unsere Entscheidung, auf welche Chi-Energieart wir uns zu- und von welcher wir uns wegbewegen möchten, können wir das eigene Chi aufladen und stärken, so daß unser Leben einen bestimmten Entwicklungsverlauf nimmt.

Ich hoffe, Ihnen nunmehr das nötige Rüstzeug gegeben zu haben, um die Richtung bestimmen zu können, in die jemand von A nach B umgezogen ist. Suchen Sie die Tafel des Umzugsjahres heraus und stellen Sie fest, von welcher Neun-Ki-Zahl sich der Betreffende entfernt und auf welche er sich zubewegt hat. Ermitteln Sie seine persönliche Neun-Ki-Jahreszahl und beurteilen Sie dann, welche Auswirkungen dieser Umzug auf sein Leben hat.

10
Feng-Shui-Lösungen

Feng Shui kann unser Leben in zweierlei Weise bereichern. Zum einen gilt es, seinen Platz jeweils so einzurichten, daß das eigene Chi stets positiv von der Chi-Energie beeinflußt wird, die das Gebäude durchströmt. Wie dies in der Praxis geschieht, ist eine Frage des Ortes, an dem man die meiste Zeit über sitzt, arbeitet oder schläft. Zum anderen kann man die Art und Weise verändern, wie sich die Chi-Energie durch ein Gebäude bewegt, und damit eine auf die Bedürfnisse der Bewohner besser abgestimmte Chi-Strömung entstehen lassen.

Mit Ratschlägen zum Thema des optimalen Aufenthaltsortes möchte ich beginnen.

BETTEN

Dazu gibt es drei Überlegungen: Erstens, welcher Raum soll als Schlafzimmer dienen; zweitens, wo soll das Bett aufgestellt werden; und drittens, welcher Richtung soll es zugewandt sein. Das Bett könnte beispielsweise im östlichen Bereich der Wohnung, im südlichen Teil des Schlafzimmers und in Richtung Westen weisend stehen. Der Raumanordnung innerhalb des Hauses kommt zwar eine größere Bedeutung zu als der Position des Betts im Schlafzimmer selbst. Von der Richtung, in die das Bett weist, geht allerdings eine nicht zu unterschätzende Wirkung aus. Wenn ich von der Richtung eines Bettes spreche, so meine ich damit die Richtung, in die das Kopfende weist. Bei einem dem Osten zugekehrten Bett weist also der Kopf des darinliegenden Menschen nach Osten und seine Füße nach Westen.

Jede der acht Richtungen erzeugt eine Chi-Energieart, die während der Nachtruhe das individuelle Chi auf- oder entlädt. Wie es sich damit im einzelnen verhält, können wir nach der in Kapitel 5 enthaltenen Information inzwischen selbst analysieren und beurteilen. Hier noch einmal eine Zusammenfassung der wichtigsten Punkte, auf die es zu achten gilt:

NORDEN

Die Idealbedingungen für einen ruhigen Schlaf sind gegeben, wenn man im Norden des Gebäudezentrums oder mit dem Kopf nach Norden weisend schläft. Läßt man seine Chi-Energie im Schlaf von der Chi-Energie des Nordens auftanken, so verhilft das zu einem ruhigeren, friedvolleren und stilleren Dasein. In der fernöstlichen Philosophie spricht man hier gelegentlich von der »Totenlage«, weil eine im Norden befindliche oder in nördlicher Richtung weisende Schlafstätte als der beste Ort zum Sterben gilt. Diese Himmelsrichtung wirkt besänftigend auf das Chi und stärkt den spirituellen Charakter der Chi-Energie. Jungen Leuten oder allen, die altersunabhängig beruflich oder geschäftlich vorankommen möchten, würde ich den Norden als Schlafplatz nie empfehlen. Auch einsamen Menschen würde ich davon abraten, da der Norden sie noch stärker isolieren könnte. Es ist sicher einen Versuch wert, ein Kind mit Schlafstörungen vorübergehend einmal im Norden unterzubringen oder ihm eine nach Norden weisende Schlafstelle zu geben. Die Chi-Energie des Nordens ist außerdem mit der Sexualität assoziiert, und so könnte diese Lage oder Richtung vielleicht auch ein zum Erliegen gekommenes Liebesleben reaktivieren.

NORDOSTEN

Schläft man im Nordosten des Hauses oder mit dem Kopfende gen Nordosten, kann man von der dort vorherrschenden antriebsstarken, wetteifernden und aggressiven Chi-Energie profitieren. Das dürfte zuweilen Kindern und selbst Erwachsenen entgegenkommen. Ich würde allerdings generell den Nordosten nicht zum Schlafen empfehlen. Mir sind viele Menschen begegnet, die im Nordosten schlafen und über heftige Alpträume klagten. Nachdem sie ihr Bett umgestellt hatten, legten sich die Beschwerden. Eine solche Lage oder Richtung wäre auch für jemanden mit gesundheitlichen Problemen nicht unbedingt empfehlenswert. Wenn Kinder im nordöstlichen Trakt eines Hauses untergebracht sind, könnten sich daraus für die Eltern Erziehungsprobleme ergeben. Ich habe Familien erlebt, bei denen die Kinder im Nordosten und die Eltern an einem energiemäßig schwächeren Ort schliefen, und mußte feststellen, daß sich im Leben der Eltern eigentlich alles nur um die Kinder drehte.

OSTEN

Östlich vom Gebäudezentrum oder dem Osten zugekehrt zu schlafen, kann für den Aufbau des beruflichen oder geschäftlichen Erfolges geradezu ideal sein. Von daher gilt diese Lage und Richtung als besonders günstig für junge Leute. Der Osten steht für größere Aktivität und verstärkten Ehrgeiz, hier kann man seine Fähigkeiten richtig zur Entfaltung bringen und die Träume des Lebens in Erfüllung gehen lassen. Kaum hatte ich mein Bett so umgestellt, daß das Kopfende nach Osten wies, durfte ich mich eines stetigen geschäftlichen Aufstiegs erfreuen. In Abbildung 22 ist diese Ideallage an einem Beispielobjekt veranschaulicht.

SÜDOSTEN

Schläft man in der Chi-Energie des Südostens oder dem Südosten zugekehrt, können sich dadurch ebenfalls positive Entwicklungen in Beruf und Geschäft einstellen. Die Wirkung ist hier jedoch verhaltener, und der Fortschritt verläuft in weitaus harmonischeren Bahnen. Die Chi-Energie des Südostens ist von Kreativität geprägt und fördert die Kommunikation.

SÜDEN

Die Chi-Energie des Südens begünstigt insbesondere Leidenschaft, Intelligenz, Ansehen und Ruhm. Sie ist allerdings das genaue Gegenteil des Schlafens. Der Süden repräsentiert die Tagesmitte, während der Schlaf die Nacht einnimmt. Wer hier schläft, liegt oft die ganze Nacht über wach und denkt. Trotzdem kann die Südlage oder -richtung jungen Studenten, Schauspielern oder Juristen auch förderlich sein.

SÜDWESTEN

Gewöhnlich rate ich meinen Klienten nicht dazu, im Südwesten oder dem Südwesten zugekehrt zu schlafen. Die dort vorherrschende Chi-Energie kann sich dergestalt bei den Bewohnern äußern, daß sie übervorsichtig werden und in Beruf oder Geschäft eventuell Rückschläge hinnehmen müssen. Wem die Gesundheit Sorgen bereitet, sollte diese Lage oder Richtung ebenfalls meiden.

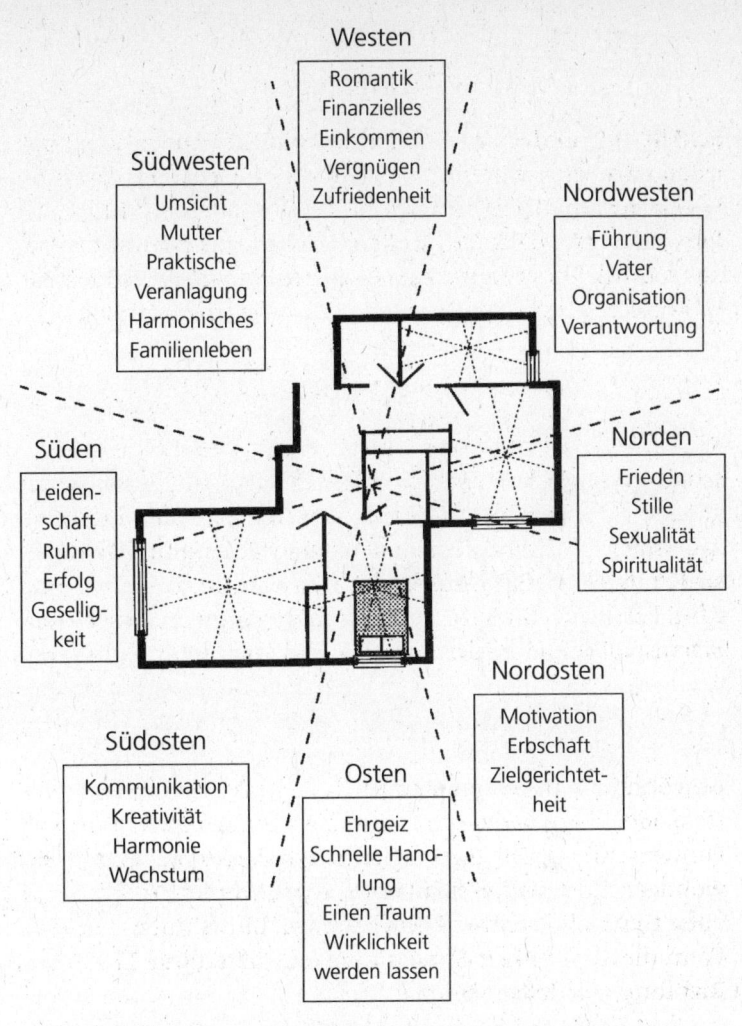

Abb. 22 Eine östlich des Gebäudezentrums oder dem Osten zugewandt eingerichtete Schlafstelle kann dem Aufbau der beruflichen und geschäftlichen Karriere ausgesprochen förderlich sein.

WESTEN

Will man mehr Freude und Romantik ins Leben bringen, sollte man möglichst im Westteil eines Gebäudes oder in westlicher Richtung schlafen. Das ist nicht unbedingt die beste Richtung, um Beruf oder Geschäft auf Erfolgskurs zu bringen, aber sie dürfte dem Leben generell mehr Zufriedenheit bescheren. Wer hier schläft, kann allerdings seine Antriebskraft verlieren.

NORDWESTEN

Im Nordwesten oder dem Nordwesten zugekehrt zu schlafen, ist die klassische Position für Menschen in leitenden Funktionen und für Führungspersönlichkeiten. Es ist der ideale Ort für Eltern und für alle, die bereits mitten im Leben stehen und sich in einer etwas gefestigteren Phase befinden. Die Nordwest-Chi-Energie öffnet den Weg zur Übernahme größerer Verantwortung und verbessert die Fähigkeit zur Organisation und vorausschauenden Planung. Wer hier schläft, wird den Bedürfnissen der Familie besser Rechnung tragen können. Wenn Kinder an diesem Platz und die Eltern an einem energiemäßig weniger gefestigten Ort schlafen, beispielsweise im Osten, werden sie es schwer haben, sich den Respekt ihrer Kinder zu verschaffen oder sie zu bändigen. Sie haben ihren Kindern nämlich die Stelle zugewiesen, die ihnen das Gefühl gibt, die Zügel in der Hand zu haben. Abbildung 23 veranschaulicht an einem Beispiel, welche Wirkung es hat, wenn Erwachsene im Nordwesten schlafen.

Häufig wird das Bett an einem Ort aufgestellt, an dem verschiedene Chi-Energiearten zusammentreffen. An einem Beispiel möchte ich dies verdeutlichen: Das Bett befindet sich im westlichen Trakt des Hauses, ist aber dem Südosten zuge-

Osten

Ehrgeiz
Schnelle Handlung
EinenTraum Wirklichkeit werden lassen

Südosten

Kommunikation
Kreativität
Harmonie
Wachstum

Süden

Leidenschaft
Ruhm
Erfolg
Geselligkeit

Nordosten

Motivation
Erbschaft
Zielgerichtetheit

Südwesten

Umsicht
Mutter
Praktische Veranlagung
Harmonisches Familienleben

Norden

Frieden
Stille
Sexualität
Spiritualität

Nordwesten

Führung
Vater
Organisation
Verantwortung

Westen

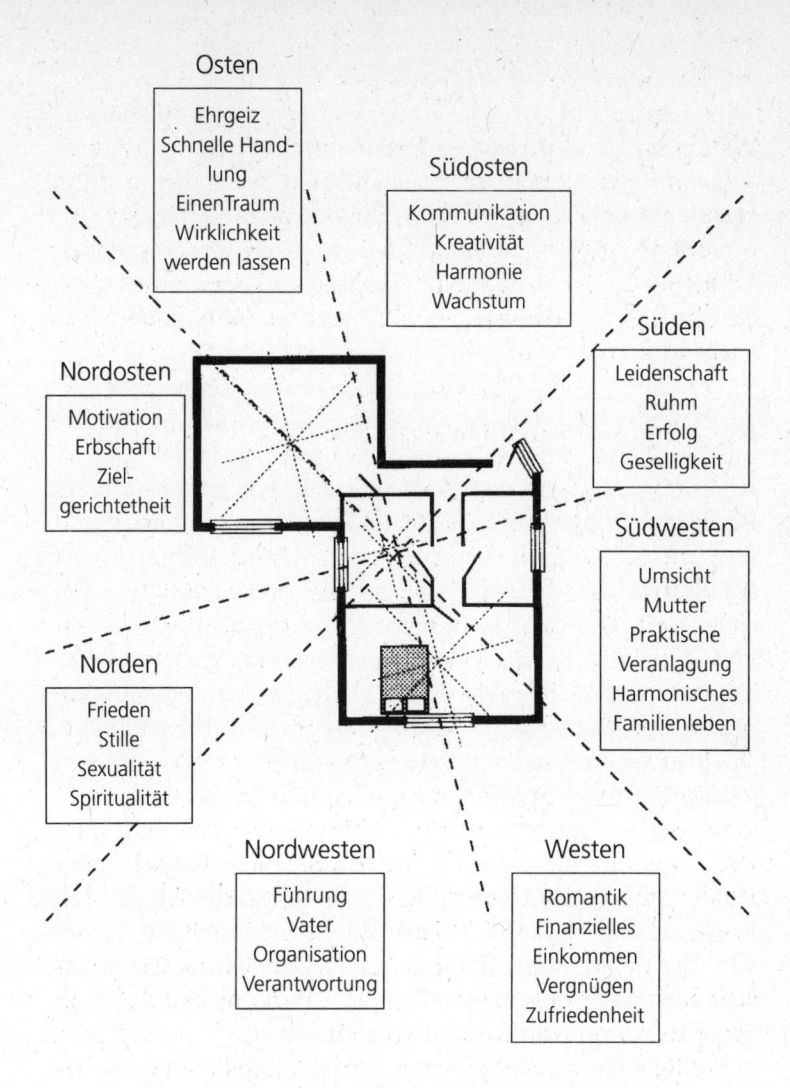

Romantik
Finanzielles Einkommen
Vergnügen
Zufriedenheit

Abb. 23 Erwachsenenschlafzimmer im Nordwesten

kehrt. In diesem Fall sind die charakteristischen Eigenschaften und Wesenszüge der Chi-Energie des Westens mit denen des Südostens zu kombinieren, um bestimmen zu können, welchen Einfluß sie insgesamt auf den Schlaf haben.

Ein Ehepaar Ende Dreißig bat mich um eine Feng-Shui-Beratung. Der Mann arbeitete zu Hause, und die Frau ging verschiedenen Teilzeitjobs in Heimarbeit nach. Unter anderem beklagten beide die Tatsache, daß sie kaum Sex miteinander hätten und bislang auch keine Kinder bekommen konnten. Ich schaute mir ihr Haus im Detail an und zeichnete einen Plan mit den acht Richtungen. Es stellte sich heraus, daß sein Büro genau dort angeordnet war, wo eigentlich das Schlafzimmer hätte sein sollen und umgekehrt. Sie tauschten die Räume, stellten den Schreibtisch östlich des Gebäudezentrums auf und drehten ihn so, daß man während der Arbeit in Richtung Osten blickte. Das Bett wurde in den nördlichen Bereich des Hauses verlagert und so aufgestellt, daß das Kopfende nach Osten wies. Es verging kaum ein Monat, bis die Frau mich anrief, um zu berichten, daß sich ihr Liebesleben überaus positiv entwickelt hätte und sie inzwischen sogar schwanger sei. Auch der Mann schilderte mir, wie viel besser er am neuen Ort arbeiten könne. Was war der Grund für diese Wende? Da er jetzt im Osten und gleichzeitig mit Blick nach Osten arbeitete, kam er in den Genuß jener Chi-Energie, die ihn zu größerer Aktivität und vielen neuen Ideen beflügelte, deren erfolgreiche Umsetzung wiederum seinen beruflichen Ambitionen zugute kam. Dadurch, daß sie ihr Bett in den Nordteil des Hauses verlagert hatten, waren sie in der Nacht den Einwirkungen der Chi-Energie des Nordens ausgesetzt, die unter anderem mit der Sexualität assoziiert wird. Zudem war das Bett jetzt so aufgestellt, daß das Kopfende nach Osten wies und die beiden eine zusätzliche Stimulierung durch diese Chi-Energie erfuhren, was wiederum zu mehr sexueller Aktivität führte.

SCHREIBTISCH UND STÜHLE

Den Ort zum Arbeiten oder Sitzen richtig auszuwählen, erfordert nicht nur viel Geschick, sondern vor allem eine klare Vorstellung davon, was man erreichen möchte. Dann gilt es zu überlegen, welche Chi-Energieart diese Pläne am besten unterstützt. Wäre man frei in der Wahl seines Arbeitsplatzes in einem Gebäude, stünden allein 512 mögliche Standorte zur Verfügung, also acht Richtungen innerhalb des gesamten Gebäudes, acht Richtungen innerhalb eines Raumes und acht Richtungen, denen man zugekehrt sein kann. Wie beim Schlafplatz beschrieben, kann man die Kombination aus drei verschiedenen Chi-Energiearten nutzen, um die beste Chi-Mischung für jemanden zu erzielen.

Neben der Lage und Richtung eines Arbeitsplatzes gilt es, darauf zu achten, möglichst so zu sitzen, daß man immer den übrigen Raum und die Tür im Auge behält.

Hier ein paar Beispiele für die Gestaltung eines Arbeitsplatzes, wie ich ihn häufig empfehle.

IM OSTEN UND DEM OSTEN ZUGEWANDT

Dies ist die ideale Lage und Richtung für einen beruflichen oder geschäftlichen Neubeginn in der frühen Phase des Arbeitslebens oder für junge Leute generell. Mit der Chi-Energie des Ostens verbindet sich ein stimulierender Effekt zu schnellem Handeln, gesteigerter Aktivität und Entfaltung der persönlichen Fähigkeiten, die jeweiligen Lebensträume in Erfüllung gehen zu lassen. Liegt der Arbeitsplatz im Ostteil eines Gebäudes und im östlichen Bereich eines Raumes, und ist zudem der Schreibtisch so ausgerichtet, daß man nach Osten blickt, wird diese Wirkung den Betreffenden am stärksten zuteil. Im Südosten ist sie etwas subtiler. Ich arbeite von Zuhause aus und habe bereits verschiedene Räume und Standorte in jedem Zimmer ausprobiert. Am effizientesten bin ich in meiner Arbeit, wenn ich im Osten sitze und dem Osten zugewandt bin, selbst wenn ich dem restlichen Raum und der Tür den Rücken kehre. Ich habe einen großen Spiegel an der Wand unmittelbar neben meinem Arbeitsplatz aufgehängt und kann so, ohne mich umzudrehen, die Tür und den restlichen Raum im Auge behalten.

IM NORDWESTEN UND DEM SÜDOSTEN ZUGEWANDT

Es handelt sich hierbei um die klassische Lage für den Geschäftsführer oder Vorstand eines Unternehmens. Die Chi-Energie des Nordwestens unterstützt die Entfaltung organisatorischer Fähigkeiten sowie der vorausschauenden Planung und erzeugt Verantwortungsbewußtsein. Diese Lage stellt den Direktor oder Vorstand eines Unternehmens in ein Chi-Energie-Umfeld, das mit Respekt, Autorität und Vertrauen assoziiert ist. All dies sind wesentliche Qualitäten für Führungskräfte.

Empfehlungen dieser Art habe ich einer Reihe von Vorstandsmitgliedern großer Unternehmen gemacht. In bezug auf die Art und Weise, wie die Mitarbeiter sie inzwischen wahrnehmen, habe ich recht erstaunliche Rückmeldungen erhalten. Eine Frau hatte Schwierigkeiten mit zwei Kollegen, die ihr die Position neideten. Nachdem sie ihr Büro in den Nordwesten und dem Südwesten zugewandt verlagert hatte, waren alle von dieser neuen Anordnung begeistert, nur diese beiden Kollegen nicht, die allerdings das Unternehmen bald darauf verließen; und so lösten sich die Probleme von selbst. Jetzt kann meine Klientin die Firma erfolgreich führen, ohne sich mit den internen Firmenquerelen weiter belasten zu müssen.

Ein berühmter Musiker bat mich um Hilfe. Er schrieb gerade an seiner Autobiographie und saß dabei im östlichen Teil seiner Wohnung mit Blick nach Süden. Der Süden begünstigt Ausdruck und Ansehen, der Osten die Aktivität, doch er konnte nie länger als dreißig Minuten an seinem Platz ausharren, ohne zwischendurch aufzustehen. Im Sitzen hatte er auch dem übrigen Raum und der Tür den Rücken zugekehrt. Er mußte dringend schneller vorankommen und sein Buch zu Ende bringen, da der Verleger bereits ungeduldig wurde. Er versuchte es im Osten und richtete seinen Arbeitsplatz nach Westen aus, was sich raumgestalterisch gut durchführen ließ und ihm nun den Blick zum Raum selbst und zur Tür freigab. Das Ergebnis dieser Operation ließ jedoch zu wünschen übrig. Die größte Wirkung setzte ein, als er schließlich im Nordwesten des Raumes und dem Südosten zugewandt saß. Ich beriet ihn auch hinsichtlich des besten Zeitpunktes, wann er sein Buch abliefern sollte, und der lag drei Monate nach dem vom Verleger gewünschten Termin. Nach dem Erscheinen rangierte es vierzehn Wochen lang unter den ersten Zehn der Bestsellerliste und lag zeitweise sogar auf Platz Zwei. In diesem Fall hatte die Chi-Energie des Nordwestens Verantwortung und Organisation untermauert. Gleichzeitig kamen durch die Südwestausrichtung auch Kommunikation und Kreativität zur Entfaltung.

In Abbildung 24 habe ich anhand eines Modellbüros verschiedene Lagen und Richtungen für die Anordnung eines Arbeitsplatzes aufgezeigt.

Die gleichen Prinzipien gelten für die Suche nach dem optimalen Ort zum Entspannen, Essen, für Konferenzen und Besprechungen.

Abends im westlichen Teil einer Wohnung zu sitzen kommt beispielsweise der Entspannung entgegen und steigert das Wohlbefinden. Die Chi-Energie des Westens ist dem Abend

Nordwesten

Führung
Vater
Organisation
Verantwortung

Norden

Frieden
Stille
Sexualität
Spiritualität

Im Nordwesten gelegen und dem Südwesten zugewandt

Westen

Romantik
Finanzielles
Einkommen
Vergnügen
Zufriedenheit

Nordosten

Motivation
Erbschaft
Zielgerichtetheit

Im Westen gelegen und dem Osten zugewandt

Im Osten gelegen und dem Westen zugewandt

Südwesten

Umsicht
Mutter
Praktische
Veranlagung
Harmonisches
Familienleben

Osten

Ehrgeiz
Schnelle Handlung
Einen Traum
Wirklichkeit werden
lassen

Süden

Leidenschaft
Ruhm
Erfolg
Geselligkeit

Südosten

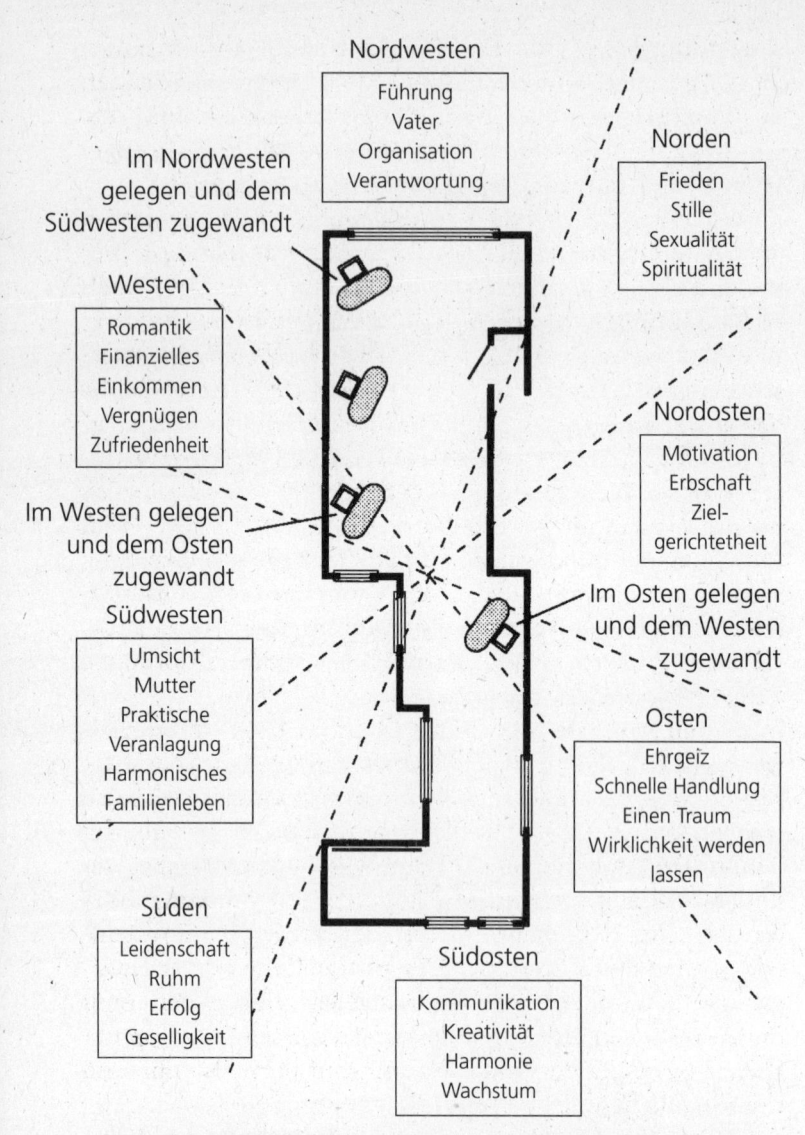

Kommunikation
Kreativität
Harmonie
Wachstum

Abb. 24 Beispiele für die Anordnung eines Arbeitsplatzes in einer der acht Richtungen mit Blick in eine andere der acht Richtungen.

zugeordnet. Sie ist im allgemeinen gefestigter. Ähnlich einem leuchtendroten Sonnenuntergang bietet diese Chi-Energie des Westens eine romantische und beruhigende Kulisse, um den Tag zu beschließen. Sind wir zudem dem Westen zugewandt, intensiviert sich die Wirkung der Chi-Energie.

Traditionell sitzt der Vater bei den Mahlzeiten nordwestlich der Tischmitte mit Blick nach Südosten. Das kommt seiner Position als Familienoberhaupt zugute. Der Platz der Mutter ist im Südwesten. In unserer modernen Zeit ist der Nordwesten für beide Elternteile gleichermaßen geeignet; ich empfehle ihn in der Regel dem Haupternährer der Familie. Für die Kinder würden sich alle übrigen Plätze eignen, wobei der Osten und Nordosten adäquater für die Söhne ist, während die Töchter vorzugsweise im Westen und Südosten ihren Stammplatz einnehmen sollten.

Bei Konferenzen rate ich dem Vorsitzenden, seinen Platz jeweils im Nordwesten mit Blick nach Südosten einzunehmen. In einem Unternehmen können je nach der Stellung, die ein Mitarbeiter im Betrieb einnimmt, andere Sitzordnungen zur Anwendung kommen.

Wer mit Public Relations, Werbung und Imagepflege in der Öffentlichkeit zu tun hat, sollte möglichst im Süden des Gebäudes seinen Platz haben. Der Südwesten eignet sich für Liegenschaften, Personalwesen und alle damit zusammenhängenden Angelegenheiten, der Westen für Aufgaben im Zusammenhang mit Rechnungswesen, Buchführung oder für den Leiter der Finanzen selbst, der Norden für den Geld- oder Materialfluß innerhalb des Unternehmens, der Nordosten für Bau- oder Wettbewerbsangelegenheiten, der Osten für Investitionen, Erweiterungen und die Erschließung neuer Geschäftszweige, der Südosten für Transport, Verkehr und Kommunikation.

Nicht immer läßt sich der ideale Platz für ein Bett, einen Schreibtisch oder den Sitzplatz finden. Es liegt also am Geschick und der Fähigkeit eines Feng-Shui-Beraters, auch bei eingeschränkten Verhältnissen Lösungswege aufzuzeigen. Vergessen wir bei allem nicht, daß der Zeitpunkt der Realisierung solcher Veränderungen ebenfalls unter einem günstigen Stern stehen muß. Es ist allemal besser zu warten, als sich auf die Position 5 des betreffenden Jahres zuzubewegen oder sich von ihr zu entfernen, auch wenn wir einen besseren Ort gefunden haben sollten. Im übrigen würde ich nie dazu raten, ein Bett so umzustellen, daß das Kopfende auf die 5 oder von ihr weg weist. Das gleiche gilt für den Schreibtisch.

DEN CHI-ENERGIEFLUSS VERÄNDERN

Nachdem nun der optimale Platz gefunden ist, steht als nächstes die Entscheidung an, ob man den Fluß der Chi-Energie durch das Gebäude verändern will. Das läßt sich auf vielfältige Weise bewerkstelligen. Im folgenden beschreibe ich diejenigen, die sich für mich am effizientesten erwiesen haben.

Die ersten drei haben allesamt mit Dingen zu tun, die im menschlichen Körper enthalten sind – Wasser, Salz und Eisen. Alles und jedes hat seinen eigenen Chi-Energiefluß. Weil diese Stoffe eine Chi-Energieart abstrahlen, die mit der Chi-Energie aus eben diesen Substanzen in unserem Körper im Einklang steht, bin ich fest davon überzeugt, daß sie eine größere Wirkung auf uns ausüben. Es ist fast so, als ob sie miteinander kommunizieren könnten, weil sie die gleiche Sprache »sprechen«.

WASSER

Siebzig Prozent unseres Körpers bestehen aus Wasser. Aus vielfältigen Gründen wird in unserem Leben gerade dem Wasser eine besondere Bedeutung zugemessen. Wir müssen Wasser trinken, um zu leben. Die meisten Menschen haben ein ausgesprochenes Bedürfnis, Orte am Meer, in der Nähe eines Flusses oder Seeufers oder Anlagen mit einem Swimmingpool aufzusuchen. Wir stammen von Geschöpfen ab, die im Wasser lebten.

An anderer Stelle habe ich bereits erläutert, daß das Wasser-Chi das Holz-Chi des Ostens und Südostens hervorbringt beziehungsweise unterstützt. Aus diesem Grund wird jegliche Art von Wasser in diesen beiden Richtungen immer die mit Beruf oder Geschäft der Bewohner assoziierte Chi-Energie aufbessern und stärken. Wasser im Osten ist der schnellen Handlung und ehrgeizigen Plänen sowie deren Umsetzung in die Praxis besonders dienlich, während es im Südosten eher die Kommunikation, Kreativität und Familienharmonie unterstützt.

Es könnte sich hierbei um Anlagen im östlichen oder südöstlichen Bereich eines Gebäudes oder Grundstückes handeln wie beispielsweise Brunnen, Teiche, Swimmingpools, Bäche, Seen, dem Meer, Aquarien, der Küchenspüle oder auch Springbrunnen im Innenbereich.

Wichtig ist, daß das Wasser frisch und sauber ist. Stehendes oder schmutziges Wasser wirkt sich negativ aus.

MEERSALZ

Meersalz gilt als größter Yang-Träger unserer Nahrung. Im Übermaß genossen, führt es zu Austrocknung und in der Folge zu einem extremen Verlangen nach Flüssigkeit. Im Feng Shui benutzt man Meersalz, um die Chi-Energie zusammenzuziehen und dichter zu machen.

Manchmal rate ich meinen Klienten, etwas Meersalz in eine kleine Schüssel zu geben und diese dann an einem passenden Ort aufzustellen. Es genügen zwei bis drei Eßlöffel, die jedoch allmonatlich erneuert werden sollten. Einige Feng-Shui-Berater empfehlen, eine Handvoll Salz zu nehmen und es an geeigneter Stelle auf dem Boden zu verstreuen; nach vierundzwanzig Stunden kann man es wieder aufwischen.

In vielen Fällen erteile ich meinen Klienten auch den Ratschlag, eine Schüssel mit Meersalz neben der Tür aufzustellen, sofern die Tür nordöstlich des Gebäudezentrums angeordnet ist. Das Yang-betonte Metall-Chi von Meersalz bewirkt eine Stabilisierung der schnell wandelbaren Erd-Chi-Energie des Nordostens.

Durch das Aufstellen einer kleinen Schüssel Meersalz neben einer im Nordosten gelegenen Tür wird das Leben der Bewohner stabiler und nachhaltig widerstandsfähiger gegen äußere Einflüsse. An dieser Stelle plaziert, kann das Meersalz größere Sicherheit bescheren. Wenn ich jemandem empfehle, Meersalz im Nordosten eines Gebäudes aufzustellen, rate ich dazu, gleichzeitig auch eine Schüssel im Südwesten zu plazieren. Dadurch läßt sich die Bewegung der Energie zwischen dem Nordosten und Südwesten besser im Gleichgewicht halten.

Selbst wenn es keine Türen im Nordosten gibt, kann dennoch ein ausgewogenerer Fluß der Chi-Energie herbeigeführt werden, indem man eine kleine Schüssel Meersalz im Nordosten und Südwesten zur Aufstellung bringt.

EISEN

Dieser Begriff umfaßt alle Gegenstände aus Gußeisen, beispielsweise Töpfe, aus Schmiedeeisen, wie Tore oder aus eisenhaltigen Metallen. Eisen ist mit der Metall-Chi-Energie assoziiert und bewirkt eine Stabilisierung der Chi-Energieströmung. Eisen kann auch das örtliche Magnetfeld verändern. Aus diesem Grunde ist Vorsicht in der Verwendung von dicken Stahlträgern, Betten aus Eisen oder Stahlmöbel geboten. Obwohl Eisen ähnliche Eigenschaften wie Meersalz hat, ist es meiner Ansicht nach nicht genauso wirksam, um eine Stabilisierung der Chi-Energiebewegung herbeizuführen.

Ein schwarzer, gußeiserner Topf könnte im südwestlichen Bereich eines Gebäudes große Wirkung erzielen, wenn man die Chi-Energie dort dämpfen und festigen möchte. Dies würde auch funktionieren, wenn es im Südwesten Wasser gäbe. Das Eisen, also Metall-Chi, würde dazu beitragen, die Kluft zwischen Erd- und Wasser-Chi zu überbrücken. Wenn beispielsweise ein Teich im Südwesten eines Gebäudes angeordnet ist, was mit den fünf Elementen nicht im Einklang steht, so könnte man durch das Aufstellen einer Metallplastik zwischen Teich und Gebäude einen harmonischeren Fluß der Chi-Energie erzeugen. Ein anderes Beispiel hierzu wäre das Aufstellen einer großen Uhr im Westen oder Nordwesten, wenn man dort die Metall-Chi-Energie konzentrieren und bewahren möchte.

PFLANZEN

Pflanzen kommt eine besondere Bedeutung in einem Gebäude zu, denn als Lebewesen haben sie einen Chi-Energiefluß mit stärkerer Ausstrahlung. Ganz allgemein sollte es möglichst viele Pflanzen im Innenbereich geben, denn sie sorgen immer für eine frischere und lebendigere Atmosphäre im Raum. Unmittelbar vor Ecken plaziert, unterstützen sie den Fluß der Chi-Energie und vermeiden damit ihre Stagnation. Bei Außenecken oder vorspringenden Kanten besänftigen Pflanzen die Energieverwirbelungen und regulieren die Chi-Ströme. In einem langen Flur helfen sie, die Geschwindigkeit der sich schnell bewegenden Chi-Energie zu verringern.

Mit jeder Pflanzenart können wir einen anderen Effekt erzeugen. Pflanzen mit spitzen Blättern begünstigen im allgemeinen die raschere Chi-Energiebewegung. Bei diesen Pflanzen überwiegt das Yang, daher sind sie gut geeignet für Innenecken, an denen Stagnation verhindert werden soll. Pflanzen

[Abbildung: Grundriss eines Raumes mit Beschriftungen:]

- Möglicher Platz für die Aufstellung einer Kaktee, wenn die Sicherheit verbessert werden soll
- Pflanzen mit runden Blättern
- Pflanzen mit spitzförmigen Blättern
- Buschige Pflanzen

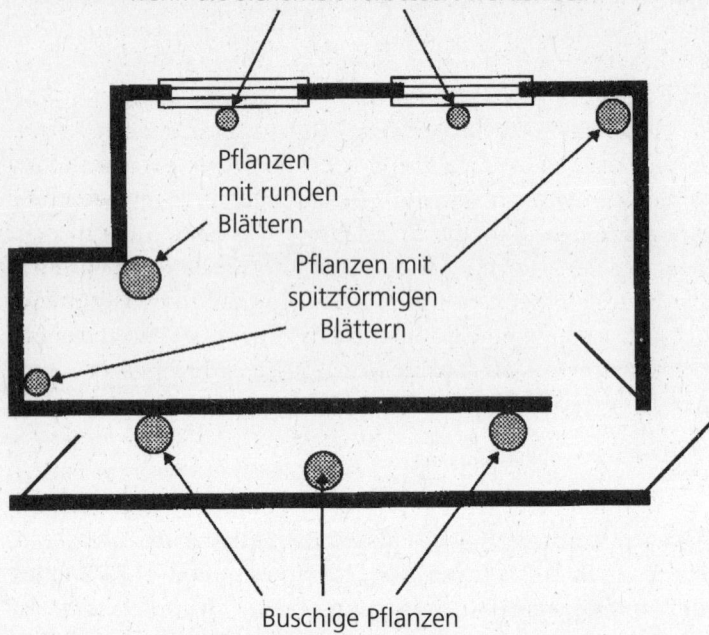

Abb. 25 Unterschiedliche Pflanzenarten erzeugen unterschiedliche Effekte.

mit runden, biegsamen Blättern haben mehr Yin-Charakter und damit die Tendenz, den Chi-Energiefluß zu besänftigen. Rundblättrige Pflanzen entwickeln ihre Wirksamkeit am besten unmittelbar vor Außenecken oder vorspringenden Kanten. Buschige Pflanzen dienen dazu, die Bewegung von schnellfließender Chi-Energie zu verlangsamen und eignen sich daher dafür, in langen Fluren oder neben Türen aufgestellt zu werden. Kakteengewächse gelten normalerweise als zu stachelig für den Innenbereich eines Gebäudes. Einige Feng-Shui-Berater halten dem jedoch entgegen, daß sich

Diebe effektiv abschrecken lassen, wenn Kakteen auf der Fensterbank aufgestellt sind (siehe Abbildung 25).

FARBEN

In Form von frischen Blumen, Pflanzen, Bildern, Bilderrahmen, Plastiken, Möbelstücken oder sonstigen Gegenständen läßt sich Farbe in ein bestehendes Gebäude bringen. Bei einem Neubau können die Farben für Wand-, Boden- oder Deckenbekleidungen schon unter Berücksichtigung ihres Einflusses auf die Chi-Energieströmung ausgewählt werden.

Farben setzt man ein, um die Chi-Energie zu aktivieren, zu harmonisieren oder zu dämpfen. In Kapitel 3 und 5 sind ausführliche Beschreibungen der mit jedem der fünf Elemente und jeder der acht Richtungen assoziierten Chi-Energie gegeben. Man muß sich nur entscheiden, ob man die Farben der fünf Elemente oder diejenigen der acht Richtungen heranziehen will, denn beide Systeme arbeiten mit unterschiedlichen Farbtönen für den Norden, Nordosten, Süden, Südwesten und Westen. Bei den Neun-Ki-Farben ist zunächst das zugehörige Element zu identifizieren und anschließend die Neun-Ki-Farbe des unterstützenden Elementes. In meinen Beispielen habe ich immer die mit den acht Richtungen assoziierten Farben benutzt. Die Prinzipien gelten jedoch für beide Farbensysteme gleichermaßen.

Um der Chi-Energie zu größerer Wirksamkeit zu verhelfen, sollte diejenige Farbe eingesetzt werden, die das Chi in dem betreffenden Gebäudeteil unterstützt. Dunkelgrün aktiviert beispielsweise im südlichen Teil eines Gebäudes das Feuer-Chi. Dunkelgrün, das Holz-Chi des Südostens symbolisierend, unterstützt Lila, die dem Feuer-Chi des Südens zugehörige Farbe.

Bei Gebäuden mit einem Badezimmer im Westen empfehle ich oft, dort rote Blumen oder eine rote Pflanze aufzustellen, um die ungünstige räumliche Anordnung auszugleichen. Die dem Westen zugeordnete Farbe ist Rot, und die roten Blumen tragen dazu bei, den Metall-Chi-Fluß aufrechtzuerhalten.

Ein anderes Beispiel: Lila kann eingesetzt werden, um die Leidenschaft in einem im Südwesten der Wohnung liegenden Schlafzimmer zu verstärken. Die purpurne Feuer-Chi-Energie aktiviert das Erd-Chi des Südwestens. Umgekehrt kann man schwarz verwenden, um die Chi-Energie in einem südlich gelegenen Raum zu dämpfen. Das schwarze Erd-Chi würde einen Teil der Chi-Energie aus dem südlichen Feuer-Chi-Zimmer absorbieren.

SPIEGEL

Da sich die Chi-Energie ähnlich wie das Licht verhält, können Spiegel genau so zur Umlenkung des Chi-Flusses eingesetzt werden, wie man sie zur Reflexion von Licht verwendet.

Durch die versetzte Anordnung von Spiegeln zu beiden Seiten eines langen Flurs wird die Chi-Energie von Wand zu Wand hin- und herbewegt; dadurch wird die Strömung im Korridorbereich insgesamt verlangsamt (siehe Abbildung 26).

Große Spiegel können auch benutzt werden, um den Eindruck zu erwecken, daß sich ein Raum in eine Fehlfläche hinein ausdehnt (siehe Abbildung 27). Steht man in einem solchen Raum und schaut auf den Spiegel, hat man den Eindruck, als ob der vor dem Spiegel liegende Raum auch dahinter existiere. Sind mehrere Spiegel aneinandergereiht, so lassen die Verbindungsstellen das Spiegelbild als unzusammenhängend erscheinen. Die Verbindungsstellen müssen deshalb mit breiten Bändern, Profilhölzern oder Pflanzen kaschiert werden.

Die Größe und Anordnung der Spiegel sollte stets so ge-

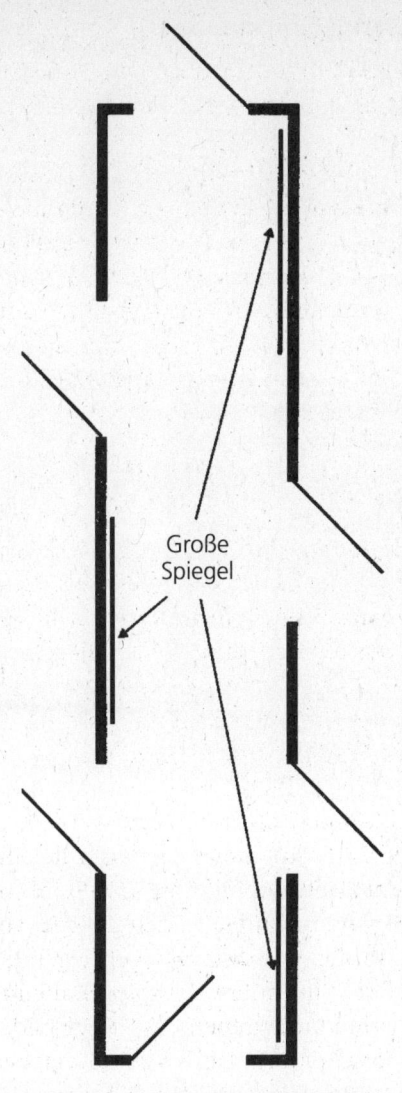

Abb. 26 Durch versetzte Anordnung von Spiegeln zu beiden Seiten eines langen Flurs wird die Chi-Energie von Wand zu Wand hin- und herbewegt und ihre Fließgeschwindigkeit entsprechend gedrosselt.

Großer Spiegel

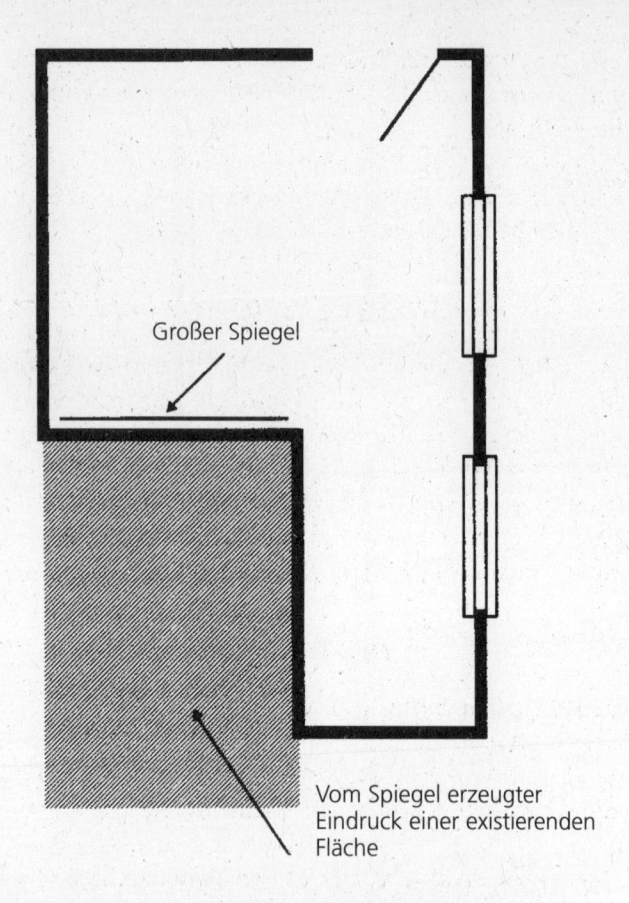

Vom Spiegel erzeugter Eindruck einer existierenden Fläche

Abb. 27 Große Spiegel können eingesetzt werden, um den Eindruck zu erwecken, daß sich ein Raum in eine Fehlfläche hinein ausdehnt.

wählt werden, daß der Kopf der Hausbewohner im Spiegelbild niemals abgeschnitten wird.

In meinen Feng-Shui-Beratungen empfehle ich gelegentlich einen Spiegel, der aufgrund seiner kleinen, runden und konvexen Form die Chi-Energie besonders effizient umlenken und zerstreuen kann. Dies ist eine sehr praktische Lösung, wenn man den Fluß der Chi-Energie in Richtung Tür drosseln will.

Ebenso wie mit Spiegeln läßt sich auch mit anderen Objekten, die eine glänzende, reflektierende Oberfläche haben, der gleiche Effekt erzielen.

SPIEGEL UND BETTEN

Im Schlaf gibt unser Körper Chi-Energie ab. Dabei handelt es sich um eine Art Reinigungsprozeß. Darum dürfen Spiegel niemals so angeordnet werden, daß diese Chi-Energie wieder auf uns zurück reflektiert wird. Im Schlafzimmer sollten keine Spiegel angebracht werden, die auf das Bett weisen; sind sie dennoch vorhanden, ist es ratsam, sie nachts mit einem Tuch abzudecken.

BELEUCHTUNG

Durch die Beleuchtung läßt sich der Fluß der Chi-Energie aktivieren. Leuchten können eingesetzt werden, um eine stagnierende Ecke zu erhellen und die Bewegung der eventuell zum Stillstand gekommenen Chi-Energie wieder in Fluß zu bringen.

Nach oben strahlende Leuchten eignen sich ganz besonders dazu, eine aufwärts gerichtete Atmosphäre zu erzeugen. Die Lichtausrichtung auf eine leicht geneigte Decke würde beispielsweise dazu beitragen, die Energie aufwärts zu bewegen und damit die Abwärtswirkung der geneigten Decke zu kompensieren. Solche Leuchten kommen auch für Gebäude mit niedrigen Decken in Betracht.

Bei der Anordnung von Leuchten ist es sinnvoll, stets die Bereiche eines Gebäudes im Auge zu behalten, in denen eine aktive Chi-Energieströmung wünschenswert ist.

Ich persönlich würde niemals die Verwendung von Leuchtstofflampen befürworten, da ich diese Art von Leuchten als ungesund und der Konzentration abträglich ansehe.

KRISTALLE

Fällt Licht auf einen facettenreichen, runden Kristall, kommt es zu einer Brechung des Lichts. Hängen wir in einem sonnenbeschienenen Fenster einen Kristall auf, wird dadurch ein Lichtmuster auf die Wände des Raumes projiziert.

Dies ist eine der Möglichkeiten, um mehr Chi-Energie in einen stagnierenden Raum zu bringen. Ich würde das Aufhängen von Kristallen am Fenster für alle Räume mit dunklen Ecken oder schwerfälliger Atmosphäre empfehlen.

KERZEN

Mit Kerzen läßt sich mehr Feuer, Wärme und Licht in einen Raum bringen. Meine Empfehlung geht dahin, Kerzen im nordöstlichen Teil eines Gebäudes oder Raumes anzuzünden, wenn die Chi-Energie dort aktiviert werden soll. Der Nordosten wird vom Fünf-Elemente-Erd-Chi beherrscht und von der Feuer-Chi-Energie unterstützt. Der Nordosten gilt als eher kühle Richtung und kann somit vom heißen Feuer profitieren. Andere passende Richtungen wären der Osten, Südosten und Südwesten. Da allerdings diese Bereiche schon relativ »heiß« sind, ist Feuer hier wahrscheinlich weniger wünschenswert oder gar notwendig. Jede Art von Feuer im Süden dürfte zudem das Risiko erhöhen, daß ein Gebäude Feuer fängt, und wird allein aus diesem Grund nur selten empfohlen.

GLOCKENSPIELE IM WIND

Der klingende Ton eines Wind- beziehungsweise Glockenspiels läßt die Luft vibrieren und stimuliert so die Chi-Energie. Dem wird eine reinigende Wirkung für das Gebäude zugeschrieben. Bei der Auswahl eines Glockenspiels ist es wichtig, nur eines mit nachhallendem Klang zu kaufen. Bei den aus Metall gefertigten kann man davon ausgehen, daß sie die Metall-Chi-Energie-Eigenschaften nach der Fünf-Elemente-Theorie besitzen. Um wirksam sein zu können, muß das Glockenspiel so angebracht werden, daß es auch wirklich läuten kann.

Da jeder Klang oder Ton im Gebäude die Chi-Energie-Bewegung beeinflußt, sollte man sich Gedanken über die vielen verschiedenen Gegenstände und Dinge in einer Wohnung machen, die Geräusche verursachen, und dann bei der Wahl von Geräten daran denken, daß diese für unser Ohr möglichst wohlklingend sein sollen. Dies betrifft auch das Telefon und die Türglocke.

11
Typische Problembereiche und Feng-Shui-Lösungen dazu

Bislang habe ich die Wirkung der Chi-Energie auf ein Gebäude nach den Prinzipien von Yin und Yang, der fünf Elemente und der acht Richtungen dargestellt. In diesem Kapitel möchte ich erläutern, wie bestimmte charakteristische Merkmale eines Gebäudes oder die Umgebungslandschaft selbst Einfluß auf die Strömung der Chi-Energie nehmen. Hier geht es darum zu verstehen, auf welche Art und Weise diese den Fluß der Chi-Energie ändern können. Mit zunehmender Erfahrung wird es auch Ihnen leichter fallen, die Wirkungen der einzelnen Charakteristika je nach deren Lage zum Zentrum des Gebäudes abzuschätzen und zu berechnen.

Im Folgenden möchte ich Beispiele klassischer Feng-Shui-Problemlösungen aufzeigen.

VOR EINER STRASSENEINMÜNDUNG LIEGENDES GEBÄUDE

Das in Abbildung 28 gezeigte Gebäude befindet sich unmittelbar einer Straßeneinmündung gegenüber; durch diese Lage wird der Chi-Energiestrom herannahender Autos gegen das Gebäude gerichtet, so daß die Bewohner des Hauses unentwegt im Einfallsbereich sich schnell bewegender Chi-Energie leben. Je verkehrsreicher die Straße ist, desto intensiver ist dieser Chi-Energiefluß.

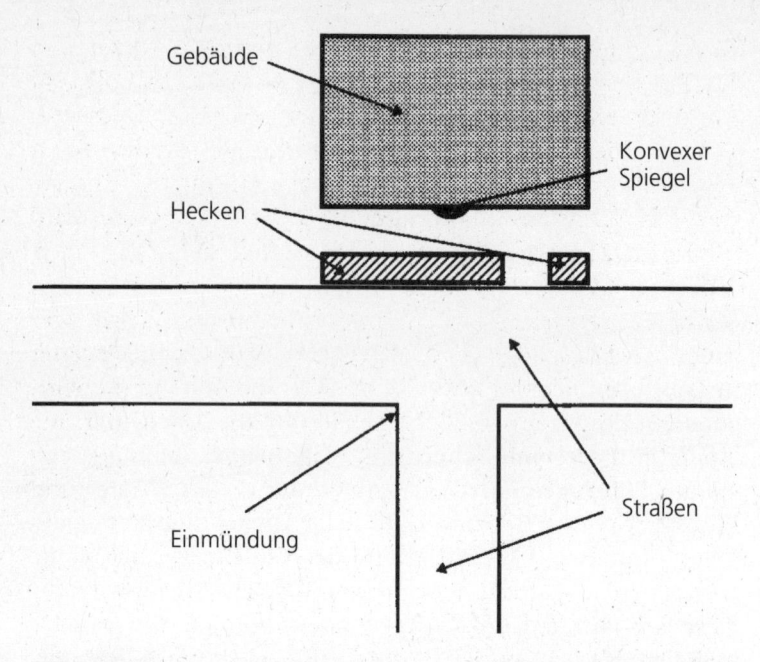

Abb. 28 Ein Gebäude, das einer Straßeneinmündung gegenüberliegt

Ich erinnere mich noch sehr gut daran, daß die allerersten Klienten, die mich als Feng-Shui-Berater hinzuzogen, ein Haus hatten, das am Kopf einer T-Kreuzung lag. Es handelte sich um eine Doppelhaushälfte in der Nähe einer stark befahrenen Hauptstraße. Die einmündende Nebenstraße lief direkt auf ihr Haus zu. Sowohl der Mann als auch die Frau fühlten sich nicht wohl in ihrem Heim. Er verspürte immer wieder den Drang auszugehen, und keiner von beiden konnte zu Hause richtig zur Ruhe kommen.

Die Lösung dieser Problematik zielt auf eine Verlangsamung und Bändigung der Chi-Energie, sowie auf eine teilweise Ableitung der Chi-Ströme in eine andere Richtung. Um die Energiebewegung zu reduzieren, wurden Hecken und

Sträucher im Vorgarten gepflanzt. Jede natürliche Vegetation hat ihren eigenen Chi-Energiefluß. Da die von der Straße und dem Verkehr ausgehende Chi-Energie die Hecke passiert, entsteht hier der gleiche Effekt wie bei Wasser, das durch einen Schwamm zieht. Beim Eintauchen in die Chi-Energie der Hecke trifft das Chi der Straße auf Widerstand und wird allmählich langsamer.

Mit der Chi-Energie verhält es sich zudem ähnlich wie mit Licht: Sie läßt sich mit einem runden, konvexen Spiegel oder einer reflektierenden Platte ablenken, wenn diese auf jener Gebäudeaußenwand angebracht wird, die der Straßeneinmündung zugekehrt ist (siehe Abbildung 28). Nachdem meine Klienten diese praktischen Ratschläge in die Tat umgesetzt hatten, fühlten sie sich in ihrem Haus sichtlich wohler und glücklicher.

CHI-BRECHUNG

Wie schon in Kapitel 1 dargelegt, verwirbelt sich bei vorspringenden Ecken und Kanten die vorbeiströmende Chi-Energie. Das kann Menschen, die in einen solchen Energiestrudel geraten, regelrecht aus der Bahn werfen. So etwas passiert innerhalb von Gebäuden wie beispielsweise in L-förmigen Räumen, oder wenn die Ecke eines anderen Gebäudes auf das eigene Haus weist. Am einfachsten läßt sich dieser Effekt dadurch vermeiden, daß man eine Pflanze unmittelbar vor diese Ecke setzt; im Außenbereich würde sich das Pflanzen eines Strauches oder Baumes anbieten. Mit einem konvexen Spiegel oder einer reflektierenden Platte auf jeder Gebäudeaußenwand, die der vorspringenden Ecke zugewandt ist, läßt sich ein Teil der Chi-Brechung umlenken und zerstreuen (siehe Abbildung 29).

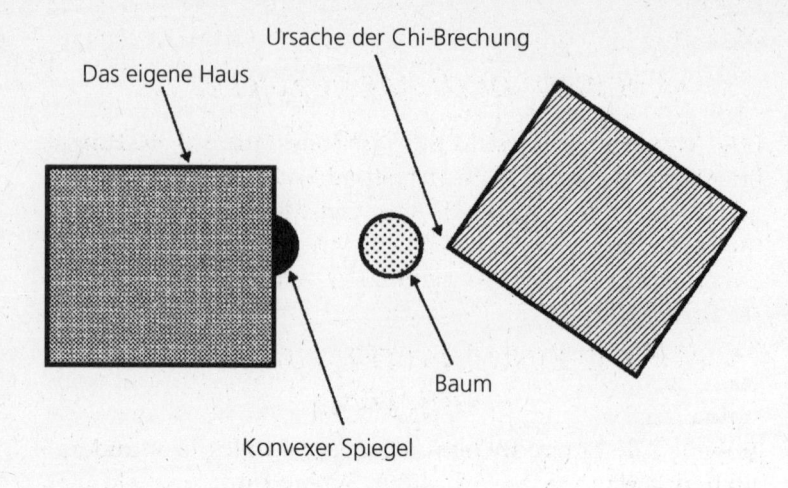

Abb. 29 Chi-Brechung vermeiden

LANGE FLURE

Die Chi-Energie neigt dazu, sich in langen Fluren zu beschleunigen und rascher zu bewegen. Beidseitig des Korridors versetzt angeordnete Zimmerpflanzen oder Spiegel können die Strömungsgeschwindigkeit drosseln (siehe Abbildungen 25 und 26). Glänzende Oberflächen beschleunigen den Fluß der Chi-Energie zusätzlich und sind aus diesem Grund tunlichst zu vermeiden.

TREPPEN

Treppen verbinden die verschiedenen Stockwerke eines Gebäudes miteinander und transportieren das Chi von einer Ebene zur anderen. Zudem werden sie in der Regel von relativ vielen Menschen benutzt und gelten folglich, was die Chi-Energie betrifft, als stark frequentierte Orte.

TREPPEN IM GEBÄUDEZENTRUM

Eine Treppe im Zentrum eines Gebäudes »trennt die Familie«. Um den starken Chi-Energiefluß im Zentrum zu verringern, empfiehlt sich der Einsatz von Meersalz, Eisen oder Stein. Was hier im Einzelfall am effektivsten ist, verrät uns die vom Zentrum des Hauses her bestimmte Kompaßrichtung.

AUF DIE EINGANGSTÜR ZULAUFENDE TREPPEN

Treppen, die direkt auf eine Eingangstür oder eine andere nach außen führende Tür zulaufen, leiten und bündeln die sich zwischen den Ebenen bewegende Chi-Energie in Richtung Tür. Dadurch kann ein Mangel an Chi-Energie innerhalb des Gebäudes entstehen. Aus dieser Situation heraus ergeben sich häufig finanzielle Schwierigkeiten für die Bewohner.

Hier empfiehlt sich das Anbringen eines konvexen Spiegels, der einen Teil der Chi-Energie von der Tür weglenkt. Zusätzlich wird durch das Aufstellen einer großen, reichbelaubten Pflanze zwischen Treppe und Tür die Bewegung der Chi-Energie zur Tür hin verzögert. Zwischen Treppe und Tür kann auch ein Wind- beziehungsweise Glockenspiel zur Zerstreuung der Chi-Energie aufgehängt werden (siehe Abbildung 30).

MIT DEM HINTERAUSGANG FLÜCHTENDE EINGANGSTÜR

Wird beim Öffnen der Eingangstür der Blick auf den Hinterausgang frei, findet zwischen den beiden Türen eine ungehinderte und rasche Bewegung der Chi-Energie statt. Damit

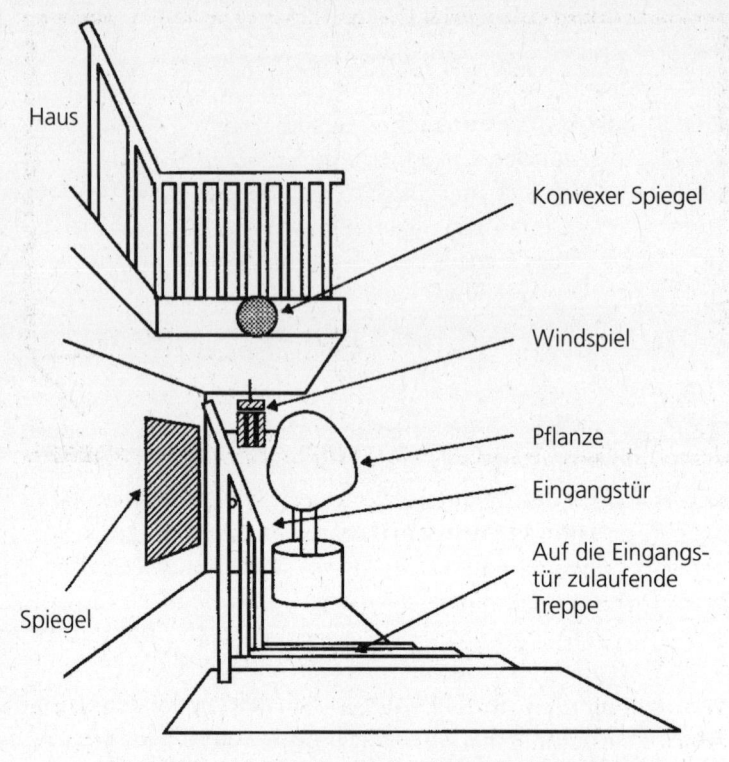

Abb. 30 Die Chi-Energie von der Eingangstür weglenken

gelangt vermehrt Energie ins Haus, die dieses allerdings sofort wieder verläßt, ohne durch die Räume zu zirkulieren.

In solchen Situationen empfehle ich, schnell wachsende Pflanzen zwischen beiden Türen aufzustellen, um die Chi-Bewegung in diesem Bereich zu verringern. Auch Spiegel können hier gut eingesetzt werden, um die Energie in andere Teile des Gebäudes umzulenken. Die Töne eines Windspiels tragen dazu bei, das Chi im Raum zu zerstreuen (siehe Abbildung 31).

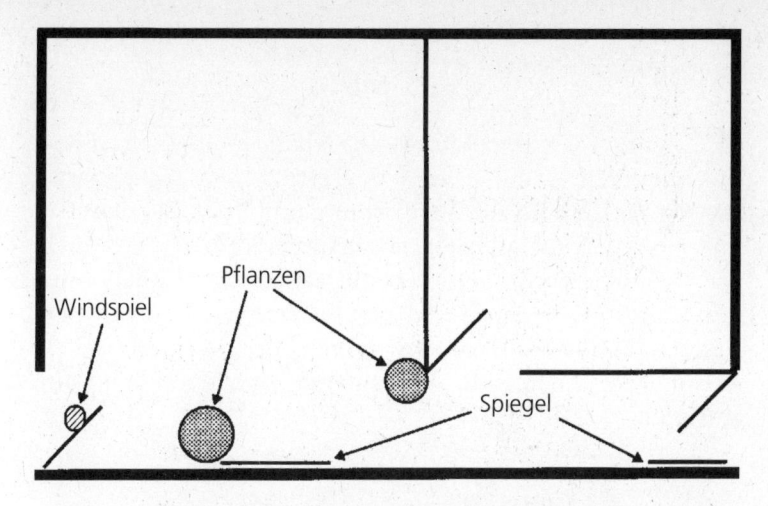

Abb. 31 Pflanzen und Spiegel verzögern die Chi-Energiebewegung zwischen Eingangstür und Hinterausgang.

SCHMALE RÄUME

Wenden wir die acht Richtungen auf ein schmales Gebäude oder einen schmalen Raum an, wird deutlich, wie manche Richtungen ziemlich große Zonen der Gesamtfläche einnehmen, während anderen nur wenig Fläche gegeben ist. Dadurch verringert sich die Wahrscheinlichkeit, daß die Bewohner des Hauses von einem ausgewogenen Verhältnis der acht Chi-Energiearten profitieren können.

In einem solchen Fall können große Spiegel aufgehängt werden, um den Raum optisch auf das Doppelte zu verbreitern. Dabei ist zu beachten, daß sich die Spiegel möglichst nicht gegenüberliegen oder auf ein Bett weisen sollten.

GERÜMPEL

Jede Art von Gerümpel in einem Gebäude verlangsamt den Chi-Energiefluß und erhöht das Risiko einer Stagnation. Führen Sie deshalb zur Auffrischung und Stärkung der Chi-Energie regelmäßige Säuberungsaktionen durch, bei denen alle Schränke, Vorratslager und Abstellkammern entleert und neu geordnet werden. Versuchen Sie stets, sich von Dingen zu trennen, die Sie nicht mehr unbedingt brauchen. Die allerfrischeste Chi-Energie ist in sauberen, offenen Räumen anzutreffen.

12
Checkliste für den Kauf oder die Begutachtung Ihres eigenen Hauses

Die folgende Checkliste ist ein einfaches Instrument, das Sie sowohl auf Ihr jetziges Zuhause oder Ihren derzeitigen Arbeitsplatz als auch auf ein neues Gebäude, in das Sie eventuell umziehen möchten, anwenden können. Sie umfaßt die wichtigsten Überlegungen, die ich in meinen Beratungen zum Thema Umzug in ein neues Gebäude anstelle. Es handelt sich hierbei jedoch nicht um eine erschöpfende Liste aller Aspekte, die ein Feng-Shui-Berater normalerweise berücksichtigen sollte.

1. RICHTUNG DES UMZUGS

Überprüfen Sie, ob die Richtung, in die Sie und Ihre Familie ziehen möchten, in dem betreffenden Jahr im Einklang mit der Chi-Energie Ihrer persönlichen Neun-Ki-Jahreszahl und derjenigen Ihrer Angehörigen steht. Siehe hierzu Kapitel 9.

2. HABEN SICH DIE VORBESITZER WOHLGEFÜHLT?

Versuchen Sie, soviel wie möglich über die Vorbesitzer des Hauses herauszufinden. Wenn diese glücklich verheiratet und erfolgreich im Beruf waren und sich zudem einer guten

Gesundheit erfreuten, ist die Wahrscheinlichkeit ziemlich groß, daß das Haus ein günstiges Chi aufweist. Wurden die früheren Besitzer allerdings von Krankheit, Scheidung oder wirtschaftlichem Ruin heimgesucht, ist Vorsicht geboten.

3. SONNENEINFALL

Ein guter Sonnen- und Lichteinfall bringt vermehrt Chi-Energie in ein Gebäude und sorgt für ständige Bewegung der Ströme. Es ist recht unwahrscheinlich, daß es in einem hellen und sonnenbestrahlten Haus zu Stagnationen kommt. Siehe hierzu Kapitel 2 und 3.

4. DIE LAGE DES WASSERS

Erkunden Sie, ob es irgendwo Wasser in der Nähe des Gebäudes gibt. Wenn ja, stellen Sie vom Gebäudezentrum ausgehend die Richtung fest, in der das Wasser liegt. Der Osten oder Südosten gelten als ideal. Siehe hierzu Kapitel 4, 5 und 6.

5. LAGE DES HAUPTTORES UND DER EINGANGSTÜR

Überprüfen Sie vom Zentrum des Gebäudes ausgehend die Richtung, in der sich der Hauptzugang oder das Haupttor zum Grundstück sowie die Eingangstür zum Gebäude befinden. Im allgemeinen gelten der Osten, Südosten, Westen und Nordwesten als günstige Richtungen. Im Nordosten und Südwesten gelegene Eingänge sind am kritischsten zu betrachten. Siehe hierzu Kapitel 8.

6. DIE EINFLÜSSE DER LANDSCHAFT

Nach den Regeln des Feng Shui sollte der höher gelegene Geländeteil möglichst im Norden eines Grundstücks liegen und die Südseite des Gebäudes zur Sonne hin geöffnet sein.

Prüfen Sie anhand von Kapitel 11, ob irgendwelche Straßeneinmündungen auf das Gebäude weisen. Die Nähe einer verkehrsreichen Straße wirkt sich störend auf den Chi-Energiefluß in einem Gebäude aus.

Meiden Sie Gebäude, die im Schatten anderer stehen. Dadurch wird Ihr Haus möglicherweise des Sonnenlichtes beraubt, was eine Verringerung der Chi-Energie im Innenbereich zur Folge hat.

Ein vom Gebäude wegführender Fluß kann tatsächlich Chi-Energie vom Gebäude abtransportieren und einen Chi-Mangel in dessen Innerem verursachen.

Finden Sie heraus, ob die Menschen in dieser Gegend Erfolg haben und in welchen Sparten sie sich besonders profilieren. Siehe hierzu Kapitel 9.

Manche Feng-Shui-Schulen raten von einem Umzug in ein Gebäude ab, das den Blick auf ein anderes richtet, welches mit dem Tod zu tun hat; hierunter fallen Krankenhäuser, Kirchen, Leichenhallen, Krematorien und Begräbnisstätten.

Mit einer anderen Problematik mußten sich die Feng-Shui-Berater früherer Zeiten nicht auseinandersetzen: der des Elektrosmogs und des Giftmülls. Nehmen Sie sich die Zeit, alle Hochspannungsleitungen, Trafostationen, Verteilungen, elektrischen Oberleitungen und Mikrowellensender aufzuspüren. Die Meinungen über den zu wahrenden Sicherheitsabstand gehen auseinander. Ich rate dazu, ein Haus mindestens 800 m von einer potentiell starken Elektrostrahlung entfernt zu errichten. Meiner Ansicht nach befindet sich ein Grundstück, das innerhalb eines 50 km-Radius von einem

Atomkraftwerk oder einer Müllbeseitigungsanlage liegt, im Einflußbereich eines schlechten Feng Shui. Eine Bodenuntersuchung kann Aufschluß darüber geben, ob und inwieweit ein Gelände durch Giftmüll verunreinigt ist.

Eine üppige Flora und Fauna ist das in der Regel beste Indiz für einen gesunden Boden.

7. ANORDNUNG VON BÄUMEN

Große Bäume im Süden und Osten berauben ein Gebäude des Sonnenlichtes und leisten damit einem Mangel an Chi-Energie Vorschub. Die Anordnung von Bäumen im Norden und Nordwesten gilt allgemein als günstig.

8. DIE LAGE DER KÜCHE

Die ideale Lage für eine Küche ist der Osten oder Südosten des Gebäudezentrums. Der Nordosten wird als besonders ungünstig angesehen. Siehe hierzu Kapitel 8.

9. DIE LAGE DES BADEZIMMERS UND DER TOILETTE

Norden, Nordwesten, Osten und Südosten gelten als potentiell unproblematischere Richtungen als der Nordosten, Südwesten, Westen oder Süden. Von all diesen Möglichkeiten ist die Anordnung eines Badezimmers oder einer Toilette im nordöstlichen Teil des Gebäudes am wenigsten wünschenswert. Badezimmer und Toiletten mit eigenem Fenster sind in der Regel mit weniger Problemen behaftet. Siehe Kapitel 8.

10. VORSCHLÄGE ZUR BETTENANORDNUNG UND GESTALTUNG DES SCHLAF- UND ARBEITSZIMMERS

Bei der Besichtigung eines Gebäudes sollten Sie auf jeden Fall prüfen und sicherstellen, daß Sie die Betten, Schreibtische, Stühle und Sessel lage- und richtungsmäßig günstig aufstellen können. Siehe hierzu Kapitel 10.

11. DIE GEBÄUDEFORM

Schauen Sie sich die Form eines Gebäudes im Detail an. Das Rechteck, Achteck und der Rundbau zählen zu den unproblematischsten Formen. Bestimmen Sie bei einem unregelmäßigen Gebäude zunächst die Bereiche, die als Anbauten oder Fehlflächen einzustufen sind; dann überprüfen Sie deren lagemäßige Richtung zum Gebäudezentrum und beurteilen Sie anschließend, welche Auswirkungen sie auf die Chi-Energieströmung im Gebäude haben. Siehe hierzu Kapitel 6 und 7.

In einigen Feng-Shui-Schulen wird die Form eines Gebäudes dahingehend untersucht, ob es einem Gebrauchsgegenstand ähnelt. Sieht der Grundrißplan eines Gebäudes beispielsweise wie ein Messer oder Beil aus, so wäre das nicht gerade erstrebenswert.

12. TREPPEN

Direkt auf die Eingangstür zulaufende Treppen machen ein Gebäude im Rahmen der Feng-Shui-Lehre weniger begehrenswert. Siehe hierzu Kapitel 11.

Treppen, die ein Gebäude gleichsam durchschneiden, können den Chi-Energiefluß unterbrechen und gelten somit als ungünstig. Siehe Kapitel 11.

13
Richtlinien für die Praxis des Feng Shui

Meiner Erfahrung nach gibt es überhaupt kein perfektes Gebäude im Sinne des Feng Shui. Bei allen Bauten findet sich irgend etwas, das den Chi-Energiefluß verändert oder stört. Es stellt sich somit vorrangig die Frage, ob dies einen negativen Einfluß auf das Leben der Bewohner hat. Wenn Sie also Feng Shui auf ein Gebäude anwenden, gilt es als erstes herauszufinden, ob die Bewohner überhaupt Probleme haben. Ist dies nicht der Fall, bereiten die normalerweise als ungünstig geltenden Hausbereiche den dort wohnenden Menschen offensichtlich keine Schwierigkeiten. Schaffen Sie um Himmels willen nicht Probleme, wo es keine gibt!

Gibt es Schwierigkeiten, so vergewissern Sie sich, daß Sie diese mit Ihrer Untersuchung und Begutachtung des Gebäudes auch in den Griff bekommen können. Sind Sie sich dessen ganz sicher, werden auch die potentiellen Lösungsansätze klarer erkennbar.

Ich komme mir manchmal wie ein Feng-Shui-Detektiv vor, denn ich verbringe außerordentlich viel Zeit damit, den Ursachen der Probleme, über die die Bewohner klagen, auf den Grund zu gehen. Sind es Richtung und Zeitpunkt ihres zurückliegenden Umzugs? In welcher Neun-Ki-Phase befinden sie sich? Welche Wirkung hat das Gebäude auf sie? Erst wenn ich herausgefunden habe, warum es Komplikationen im Leben meiner Klienten gibt, bin ich zuversichtlich, ihnen die richtigen Feng-Shui-Ratschläge geben zu können.

Hierzu möchte ich ein Beispiel anführen: Eine meiner Klientinnen arbeitete in London und war sehr erfolgreich in ihrem Beruf. Vor sechs Monaten war jedoch ihre Beziehung in die Brüche gegangen, und sie wollte unbedingt ihr Leben in neue Bahnen lenken. Bei unserem Gespräch fertigte ich ein einfaches Neun-Ki-Astrologie-Horoskop für sie und ihren Ex-Freund an. Aus den Daten ging hervor, daß die beiden eigentlich sehr gut zueinander paßten, und es zeigte sich überdies, daß sie immer noch eine starke Bindung zu ihm hatte. Dann überprüfte ich ihr früheres Zuhause und den Umzug in das jetzige. Nachdem ich meine Untersuchungen abgeschlossen hatte, ging ich als nächstes daran, den idealen Ort für die Anordnung einer Wasseranlage zu finden und eine Reihe anderer Empfehlungen für ihr Heim auszuarbeiten. Ich legte auch richtungsmäßig fest, wie sie ihren Tag am besten beginnen könne. Dann suchte ich einen günstigen Termin aus, an dem sie ihrem Ex-Freund eine einfache Postkarte schreiben sollte. Das Datum war so gewählt, daß sie sich in einer energiereichen und ausdrucksstarken Phase befand und er eher entspannt war. Sie schickte die Postkarte ab und fuhr kurz darauf in die Skiferien, so wie sie es geplant hatte. Nach ihrer Rückkehr begann sie sogleich, meine Feng-Shui-Empfehlungen in die Tat umzusetzen. Es dauerte nicht lange, da läutete es an der Tür. Zu ihrem Erstaunen stand ihr früherer Freund davor. Er machte ihr noch auf der Türschwelle einen Heiratsantrag.

Wenn Sie damit beginnen, Feng Shui anzuwenden, rate ich Ihnen, die Dinge so einfach wie möglich zu halten. Bestimmen Sie zunächst die Yin- und Yang-Bereiche eines Gebäudes und entwickeln Sie ein Gefühl dafür, welche Inneneinrichtung ein Gebäude mehr Yin- oder Yang-betonter macht. Haben Sie erst eine gewisse Erfahrung im Umgang mit Yin und Yang gesammelt, gehen Sie zu den fünf Elementen über, und sobald Sie sich auch auf diesem Gebiet sicherer fühlen, können Sie sich mit den acht Richtungen befassen. Meiner Meinung nach machen viele Menschen den Fehler, mit dem Schwierigsten, nämlich den acht Richtungen, zu beginnen. Gleich einem Gebäude ohne Fundament, gerät dann alles leicht ins Wanken und bricht zusammen, wenn man mit den wirklichen Problemen des Lebens konfrontiert wird. Man kann Feng Shui eben nicht von heute auf morgen lernen.

Am schnellsten kommen Sie voran, indem Sie sich zunächst mit einem Aspekt des Feng Shui vertieft auseinandersetzen und diesen dann auf möglichst viele Gebäude anwenden. Erkundigen Sie sich regelmäßig bei den Bewohnern, ob die vorhergesagte Wirkung auch wirklich eingetreten ist. Dann erst sollten Sie sich dem nächsten Aspekt zuwenden und gleichermaßen verfahren.

Gebrauchen Sie vor allem ihren gesunden Menschenverstand! Die wirksamsten Feng-Shui-Lösungen sind oft die einfachsten und unauffälligsten. Ändern Sie zunächst die Dinge in einem Gebäude, die in der praktischen Durchführung den geringsten Aufwand erfordern, bevor Sie größere Projekte in Angriff nehmen.

Und bewahren Sie meine Definition des Feng Shui im Gedächtnis: Es ist die Kunst, ein Gebäude so zu planen, daß es den Bewohnern größtmögliches Wohlbehagen und maximalen Erfolg beschert. Die Bewohner sind das Wichtigste, sie allein zählen! Nur wenn ich mich mit allen Details im Leben meiner Klienten ernsthaft auseinandersetze, kann ich meiner Erfahrung nach auch die für ihr Dasein wirksamsten Empfehlungen erarbeiten. Allen, die sich in der Kunst des Feng Shui üben wollen, möchte ich diesen Ratschlag mit auf den Weg geben.

14
Eine Feng-Shui-Beratung

Eine Standard-Feng-Shui-Beratung gibt es nicht, und jeder Feng-Shui-Fachmann hat seinen eigenen Stil. Das kann von der Besichtigung eines Gebäudes mit verbal erteiltem Ratschlag bis hin zu einer kompletten Gebäudebegehung mit ausführlichem schriftlichen Schlußbericht reichen. Überdies gibt es Berater, die Rituale abhalten, um den Chi-Energiefluß während ihrer Anwesenheit vor Ort zu verändern. Es besteht auch die Möglichkeit, eine Feng-Shui-Beratung auf dem Postweg zu erhalten.

Was meine eigenen Feng-Shui-Beratungen anbelangt, so begebe ich mich in der Regel zu den jeweiligen Gebäuden und spreche ausführlich mit den Bewohnern. Während meines Besuches notiere ich ihre Geburtsdaten, den Zeitpunkt ihres Umzugs in das jetzige Gebäude und aus welcher Richtung er erfolgt ist. Daraus kann ich dann das Neun-Ki-Horoskop erstellen und die Richtung ermitteln, aus der sie kamen.

Als nächstes lasse ich mir von ihnen berichten, wie sich ihr Leben seit dem Umzug in dieses Haus entwickelt hat und welche Erwartungen sie an eine Feng-Shui-Beratung knüpfen. Sobald ich alle Daten zusammengetragen habe, findet die Begehung des Gebäudes statt.

Gibt es keine Grundrißpläne, nehme ich die entsprechenden Maße im Haus und mache mir eine Zeichnung. Gleichzeitig führe ich Kompaßpeilungen durch, und sobald ich sicher bin, daß die ermittelten Daten stimmen, trage ich sie in die Pläne ein.

Die Bestandsaufnahme des Gebäudes nehme ich in der Regel zum Anlaß, mit den Bewohnern ausführlich über die alternativen Lösungsmöglichkeiten im Rahmen von Feng Shui zu sprechen, um auf diese Weise eine bessere Vorstellung von dem zu bekommen, was sie zu ändern bereit sind. Gegebenenfalls schreite ich auch das gesamte Anwesen ab und notiere mir alle wesentlichen Merkmale. Ich achte auch auf die Nachbarschaft, die umliegenden Gebäude und die örtliche Landschaft.

In meinem Büro fertige ich eine Reinzeichnung der Pläne und lege die Kompaßrose mit den acht Richtungen über jede Ebene des Gebäudes. Anhand einer Karte überprüfe ich, ob es in der Nähe des Komplexes irgendwelche Wasservorkommen gibt.

Bei der Abfassung meiner Feng-Shui-Berichte gehe ich ganz systematisch vor; Schritt für Schritt handle ich jeden einzelnen Aspekt nach meinem Feng-Shui-Konzept ab. Liegen all diese Ergebnisse einschließlich des Neun-Ki-Horoskops der Bewohner und einer Analyse der Einflüsse ihres Umzugs vor, so befasse ich mich mit der Ausarbeitung von Lösungsvorschlägen. In bestimmten Fällen berechne ich auch den besten Zeitpunkt für die Realisierung der Empfehlungen und stelle mehrere Termine zur Wahl.

Sind alle schriftlichen Unterlagen und Zeichnungen komplett, übersende ich diese Daten meinen Klienten. Danach können eventuell anstehende Fragen telefonisch geklärt werden, oder ich bin bei der Umsetzung meiner Ratschläge persönlich behilflich.

Für Feng-Shui-Beratungen auf dem Postweg ersuche ich meine Klienten, mir alle benötigten Informationen schriftlich zu übermitteln und mir Zeichnungen, eine Karte der Örtlichkeit sowie Photos zur Verfügung zu stellen.

15
Wie finde ich einen Feng-Shui-Berater?

Als dieses Buch geschrieben wurde, war Feng Shui außerhalb der fernöstlichen Welt noch relativ unbekannt. Wenn wir hier auch noch am Anfang stehen, entstehen doch auch bei uns mittlerweile immer mehr Feng-Shui-Beratungspraxen und -Gemeinschaften. Es gibt zur Zeit allerdings noch keine anerkannten Qualifikationsprofile oder Ausbildungswege. Das bedeutet im Klartext, daß es Ihre Aufgabe ist, die richtigen Fragen zu stellen, wenn Sie sicher sein wollen, den Feng-Shui-Berater zu verpflichten, der Ihren Bedürfnissen am ehesten entspricht. Die Bandbreite seiner Erfahrungen kann sich von ein paar Wochenendkursen bis hin zu mehr als vierzig Jahren Praxis erstrecken. Darüber hinaus gibt es viele unterschiedliche Feng-Shui-Methoden und -Techniken.

Der folgende Fragenkatalog soll Ihnen dabei helfen, den wirklich besten Fachmann für Ihre persönlichen Bedürfnisse zu finden:

⋄ Erkundigen Sie sich, welche Feng-Shui-Ausbildung Ihr Berater vorzuweisen hat. Da relativ wenig Feng-Shui-Kurse angeboten werden, haben die meisten Berater eine bestimmte Vorbildung in fernöstlicher Medizin wie beispielsweise Akupunktur, Shiatsu oder chinesische Pflanzenheilkunde. Sie haben sich zumeist in einem dieser Fachgebiete qualifiziert und können auf eine Mitgliedschaft in einer entsprechenden berufsständischen Vereinigung verweisen. Andere Berater können möglicherweise auf Studiengänge in fernöstlichen Philosophien und Künsten wie Tai Chi oder Qi Gong zurückblicken. Heutzutage ist es nichts Ungewöhnliches mehr, wenn Innenarchitekten oder Einrichtungsfachleute Feng-Shui-Gesichtspunkte mit in ihre Überlegungen einbringen. Suchen Sie eine wirklich professionelle Feng-Shui-Beratung, werden Ihnen diese sicher gerne einen Feng-Shui-Fachmann mit einschlägiger Qualifikation vermitteln. Man könnte auch nachfragen, wie lange ein Berater bereits praktiziert und für welche Art von Auftraggebern er bisher gearbeitet hat.

- Wenn Sie eine bestimmte – Feng Shui – Methode bevorzugen, fragen Sie den Berater, ob er diese praktiziert (siehe Einleitung).
- Fragen Sie, was die Beratung im einzelnen beinhaltet. Einige Fachleute beziehen die Neun-Ki-Astrologie mit ein, andere jedoch nicht. Dann gibt es welche, die den Zeitpunkt der Umsetzung ihrer Ratschläge angeben, und gelegentlich werden auch Rituale zur Veränderung der Energieströmung während einer Beratung durchgeführt.
- Fragen Sie nach dem Honorar. Manche Fachleute verlangen einen Pauschalbetrag für die gesamte Beratung, andere berechnen nach Zeitaufwand. Stellen Sie unbedingt klar, was in den Kosten alles enthalten ist. Enthält die Gebühr beispielsweise einen schriftlichen Bericht, Reisekosten und -zeit sowie die Erteilung weiterer Ratschläge nach Abschluß der Konsultation?
- Erkundigen Sie sich, wieviel Zeit der Berater Ihnen und Ihren Problemen widmet. Normalerweise umfaßt eine Beratung ein bis zwei Stunden.
- Sind Sie noch unsicher, bitten Sie den Berater, ob er einen seiner Klienten als Referenz angeben kann, damit Sie diesen gegebenenfalls ansprechen können.

Zweifellos profitieren Sie am meisten von einer Feng-Shui-Beratung, wenn Sie das Gefühl haben, einen Berater gefunden zu haben, dem Sie vertrauen, mit dem Sie reden können und der seine Arbeit gut macht.

Bei einer telefonischen Terminvereinbarung ist es notwendig, mit dem Fachmann selbst ins Gespräch zu kommen, um ein Gespür dafür zu entwickeln, ob und wie gut man überhaupt zusammenarbeiten kann.

Weiterführende Information

Simon Brown arbeitet hauptberuflich als Feng-Shui-Berater und hält Vorlesungen über Feng Shui. Seminare mit Simon Brown veranstaltet:

Feng Shui Concepts
Bruckmannring 28
85764 Oberschleißheim
Tel./Fax 0 89 / 3 15 50 18
mobil 01 72 / 9 02 27 17.

Für weitere Einzelheiten über eine Feng-Shui-Beratung bei Simon Brown wenden Sie sich schriftlich oder telefonisch an:

Simon Brown
PO Box 10453
GB-London, NW3 4WD
Tel. 0171 431 9897
Sie können Simon Brown auch per E-Mail kontaktieren:
106025.3515@compuserve.com

Literatur

Chuen, Lam Kam: Das Feng Shui Handbuch. Joy 1996.
Kranz von Rohr, Ingrid S./Hofmann, Robert: Praktischer Leitfaden Feng-Shui. Nymphenburger 1996.
Kwok, Man-Ho: Feng-Shui-Set. Goldmann 1995.
Lau, Kwan: Feng-Shui – leicht gemacht. Herder 1997.
Peters, Volker: Feng Shui. Urania 1997.
Rossbach, Sarah: Feng Shui in Architektur und Landschaftsgestaltung. Droemer Knaur 1994.
Rossbach, Sarah/Yun, Lin: Feng Shui, Farbe und Raumgestaltung. Droemer Knaur 1996.
Rossbach, Sarah: Wohnen ist Leben. Feng-Shui und harmonische Raumgestaltung. Droemer Knaur 1989.
Sagmeister, Sonja M.: Wohnen mit Feng Shui. Mosaik 1997.
Spear, William: Die Kunst des Feng Shui. Droemer Knaur 1996.
Tin, Lin Pak: Feng Shui einfach gemacht. Droemer Knaur 1996.
Tokunaga, Ronna: Fühl Dich wohl mit Feng Shui. Fischer Media 1997.
Too, Lilian: Das große Buch des Feng Shui. Droemer Knaur 1997.
Walters, Derek: Feng-Shui – Die Kunst des Wohnens. Goldmann 1996.
Walters, Derek: Das Feng-Shui Praxisbuch. Scherz 1996.

GOLDMANN

Die Magie des Wohnens

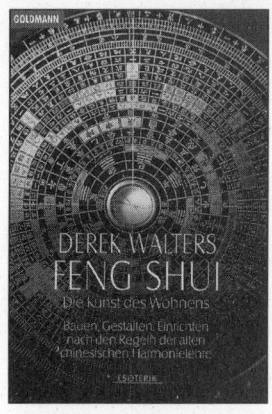

Derek Walters, Feng Shui.
Die Kunst des Wohnens 12267

Denise Linn,
Die Magie des Wohnens 12275

Johanna Paungger/Thomas Poppe,
Renovieren-Hausbau-Holzverarbeitung
30727

Jane Thurnell-Read, Wie Erdstrahlen
unser Leben beeinflussen 13959

Goldmann • Der Taschenbuch-Verlag

GOLDMANN

Esoterik bei Goldmann

Bruno Nardini, Das Handbuch der
Mysterien und Geheimlehren   12231

Horst E. Miers,
Lexikon des Geheimwissens   12179

Diane von Weltzien,
Praxisbuch der Rituale   13227

Anneke Huyser, Die Bedeutung der
Elemente in unserem Leben   12279

Goldmann · Der Taschenbuch-Verlag

GOLDMANN

Basiswissen kompakt

Joseph O'Connor/Ian McDermott,
NLP   13980

Angela Hicks,
Chinesische Medizin   13985

David Lawson,
Selbstheilung   13982

Cathy Hopkins,
Aromatherapie   13977

Goldmann • Der Taschenbuch-Verlag

GOLDMANN

Das Gesamtverzeichnis aller lieferbaren Titel erhalten Sie im Buchhandel oder direkt beim Verlag.

Taschenbuch-Bestseller zu Taschenbuchpreisen
– Monat für Monat interessante und fesselnde Titel –

✳

Literatur deutschsprachiger und internationaler Autoren

✳

Unterhaltung, Thriller, Historische Romane
und Anthologien

✳

Aktuelle Sachbücher, Ratgeber, Handbücher
und Nachschlagewerke

✳

Esoterik, Persönliches Wachstum und
Ganzheitliches Heilen

✳

Krimis, Science-Fiction und Fantasy-Literatur

✳

Klassiker mit Anmerkungen, Autoreneditionen
und Werkausgaben

✳

Kalender, Kriminalhörspielkassetten und
Popbiographien

Die ganze Welt des Taschenbuchs

Goldmann Verlag · Neumarkter Str. 18 · 81673 München

Bitte senden Sie mir das neue kostenlose Gesamtverzeichnis

Name: _____

Straße: _____

PLZ / Ort: _____